# GUIA BÁSICO DE ORAÇÃO

*Como Orar com Eficácia no seu Dia-a-Dia*

ESTEVAM ÂNGELO DE SOUZA

CPAD

Preparação dos originais: Kleber Cruz
Revisão: Luciana Alves
Capa e projeto gráfico: Flamir Ambrósio
Editoração: Olga Rocha dos Santos

CDD: 248 - Oração
ISBN: 85-263-0431-3

Para maiores informações sobre livros, revistas, periódicos e os últimos lançamentos da CPAD, visite nosso site: http://www.cpad.com.br

As citações bíblicas foram extraídas da versão Almeida Revista e Atualizada, da Sociedade Bíblica do Brasil, salvo indicação em contrário.

Casa Publicadora das Assembléias de Deus
Caixa Postal 331
20001-970, Rio de Janeiro, RJ, Brasil

1ª edição/2002

# Apresentação

No momento em que escrevo estas linhas, o faço com muita gratidão a Deus.

Ainda saudoso, louvo ao Senhor pela vida do autor deste livro — meu querido pai — e, por isso, medito sempre no que também repetidas vezes tenho dito a meus filhos, irmãos e a inúmeros membros da nossa igreja: entre tantas coisas que ele praticou em sua vida, uma delas era a oração; orou sempre por nós e nunca perdeu a oportunidade de estar ao nosso lado e orar conosco.

Este livro é resultado da própria prática de vida e ministério do pastor Estevam. Por duas razões. Primeiro, porque ele era um homem que orava, pelo menos, cinco horas por dia; muitas vezes, o dia todo. Por esse motivo, foi o homem a quem Deus muito abençoou no ministério da pregação e ensino da Palavra, na condução de milhares de almas aos pés do Senhor e no fortalecimento do rebanho que lhe fora confiado, ao qual apascentou durante mais de quatro décadas. Em segundo lugar, porque deixou escrito grande parte do que pregava. Por vários anos, através da Rádio FM Esperança, em São Luís, no programa "Palavra da Vida" ele pregou diariamente, à noite, durante dez minutos, ministrando verdades divinas a corações sequiosos de salvação, mas também para vidas transformadas, que ansiavam por maior edificação espiritual através da Palavra. Era detentor de audiência ímpar, ainda que muitas vezes já fosse bem tarde da noite, deixando, porém, milhares de corações alimentados com o Pão vivo que "desce do céu e dá vida ao mundo". Dessa forma, dedicou parte desse precioso tempo ao ensino da oração, tendo produzido dezenas de mensagens sobre o tema. Ele jamais pregava no rádio sem ter a mensagem escrita em mãos, razão pela qual pudemos resgatar esse precioso legado.

Após sua partida para a eternidade, resolvemos trazer a público este trabalho que, na verdade, não é uma obra teológica de grande extensão, e nem poderia sê-lo, em razão da própria maneira como foi produzida sem muita elaboração e pesquisa, e também do resultado a que se propunha, o de inspirar o grande e heterogêneo público ao qual se destinava. A obra possui, no entanto, uma "profundidade de riqueza, tanto de sabedoria como de conhecimento de Deus". É, por isso mesmo, um convite à reflexão, e caberá a cada um de nós, em particular, através de meticulosa leitura (e estudo) deste Guia, considerar o infinito valor da oração, e, especialmente, pô-la em prática, seguindo assim a recomendação de Paulo — "orai sem cessar".

Durante muitos anos, desde quando éramos crianças, tornou-se comum, em nossa casa, o despertar para a oração. Ainda era madrugada e, sob o comando do "velho", éramos convocados a esse labor espiritual. Até o dia de hoje, quando realizamos o culto doméstico em nosso lar, lembramo-nos de que nosso pai jamais se descurou de dar prioridade à oração. Eis o segredo das bênçãos diárias, da união que sempre houve entre nós, sem dúvida também por causa da oração.

De todo o coração desejamos que a presente obra, em sua singeleza, produza em você, querido irmão e leitor, o desejo sincero de refletir com mais ardor sobre o significado e valor eternos da grande necessidade do nosso dia-a-dia — a oração. Praticá-la, então, é ideal sublime e verdadeiro, cujos resultados, por certo, nos animarão a prosseguir firmes e fiéis para com Deus, a quem devemos servir sinceramente.

Assim seja!

**Dr. Samuel Batista de Souza**

# Prefácio

*Há pessoas que vivem, mas passam desapercebidas pela vida... Outras vivem, e deixam histórias escritas para a posteridade.*

Refiro-me ao legado do Pr. Estevam Ângelo de Souza, seu ministério, caráter, dedicação à Igreja de Deus, sua coragem e atitudes destemidas, que marcaram de maneira indelével a Assembléia de Deus para sempre. As atitudes do insigne companheiro realçavam simplicidade de ações, sempre bem gerenciadas por uma inteligência singular.

Tenho a honra de prefaciar a obra *Guia Básico de Oração*, escrita por este gigante da fé que foi o Pr. Estevam Ângelo de Souza, e sinto-me pequeno diante desta grande responsabilidade. Tive o privilégio de conviver com o autor e conhecer outros livros da sua vasta lavra. São obras fruto de muitas horas de oração, pois é inegável a poderosa unção do Espírito Santo que sentimos ao penetrar abundantemente em nossos corações.

O Pr. Estevam Ângelo de Souza deixou este tesouro que agora chega às nossas mãos; um compêndio sobre a oração, escrito com linguagem escorreita, e requintado com experiências de um homem que viveu a orar, mostra-nos o caminho que atende as necessidades da alma do mais erudito leitor.

Muito se tem escrito sobre oração, inúmeras obras inspiram as pessoas a que busquem da fonte inesgotável que é o poder da oração, porém poucas são as que minuciam com tanta beleza e profundidade como *Guia Básico de Oração*.

Compreendo que o conteúdo deste precioso livro, não é só o produto de um artífice do verbo, mas o transparecer da tocha viva do Espírito Santo que ardia em seu coração. Orar fazia parte ativa na sua vida de comunhão com Deus, por isso, ele podia escrever sobre o assunto.

O livro proporcionará ao leitor que conhece os mistérios da oração um crescente desejo de se apropriar mais de sua eficácia, e será um despertamento àqueles que se descuidaram de tão grande dever.

A temática desta obra fará o leitor mergulhar profundamente na riqueza espiritual de uma intimidade maior com Deus, produzindo verdadeiro valor da nossa comunhão com o Senhor.

Felicito ao pastor Benjamin de Souza, que engalana todo o povo de Deus com este tesouro póstumo de seu pai, tornando público de forma tão competente, e propiciando ao leitor a oportunidade de ter em suas mãos um livro de leitura instrutiva e edificante.

**José Wellington Bezerra da Costa**

Pastor da Assembléia de Deus de Belenzinho, SP e presidente da Convenção Geral das Assembléias de Deus no Brasil (CGADB)

# Sumário

# PARTE 1

*Jesus, Ensina-nos a Orar...*

# 1

# A Oração no Conceito de Cristo

*"Naqueles dias retirou-se para o monte a fim de orar,*
*e passou a noite orando a Deus"*
(Lc 6.12)

Jesus ensinou a orar com palavras e com o seu próprio exemplo. Ensinando com palavras, disse: "Vigiai e orai, para que não entreis em tentação"; e, com o seu exemplo, Lucas registrou: "Naqueles dias retirou-se para o monte a fim de orar, e passou a noite orando a Deus". [1]

Numa série de referências, temos o ensino de Jesus quanto aos modos e ocasiões para orar. Pedimos a sua atenção para este importante assunto, que a despeito da sua importância, vem sendo desprezado, especialmente por aqueles que muito precisam orar. Consideremos o seguinte:

**1. Oração secreta.** Quando as multidões estavam maravilhadas dos seus feitos miraculosos, afluíam para ouvi-Lo e serem curadas de suas enfermidades. Diz o evangelista Lucas: "Ele, porém, se retirava para lugares solitários, e orava". Este foi o seu exemplo. Observe o seu ensino: "Quando orares, entra no teu quarto, e, fechada a porta, orarás a teu Pai que está em secreto; e teu Pai que vê em secreto, te recompensará".[2] É muito bom que oremos em conjunto, uns pelos outros e uns com os outros, que oremos no templo, ou em qualquer lugar oportuno; mas é na oração em secreto que temos maior liberdade e melhores oportunidades para conversarmos com Deus, pedir a sua bênção, agradecer as bênçãos recebidas, adorá-Lo na beleza da sua santidade, interceder pelos nossos familiares, pelos irmãos, pelos amigos, pela igreja, pelo mundo, enfim, para desempenhar o verdadeiro ofício sacerdotal.

É na oração em secreto, quando demoramos em comunhão com Deus, que melhor alimentamos a nossa alma, fortalecemos a nossa fé, ampliamos a nossa visão quanto às riquezas da glória de Deus. É na oração em secreto que obtemos mais inspiração para pregar a Palavra de Deus. Diz-se que quem mais ora em secreto, melhor prega em público.

**2. Oração pela madrugada.** De Jesus está escrito: "Tendo-se levantado alta madrugada, saiu, foi para um lugar deserto, e ali orava".[3]

Bom seria se pudéssemos avaliar a atmosfera espiritual que envolvia o Senhor Jesus, quando no deserto, em alta madrugada, orava ao Pai celestial. Por quem orava? Certamente, pelos discípulos, por você e por mim, por nós; a quem na sua presciência contemplava, no futuro distante, como criaturas extremamente carentes de sua graça. Observe o seguinte: talvez não possamos avaliar, mas podemos experimentar, segundo o seu exemplo, reservando as melhores horas do dia, o nosso horário nobre, para estarmos a sós com Deus. É disto que depende uma vida espiritual abundante, frutífera e plenamente vitoriosa. Procure experimentar isto, e com certeza você triunfará sobre os obstáculos normais e anormais da vida.

**3. Oração a noite inteira.** O texto em destaque diz que Jesus foi para o monte e passou a noite toda em oração a Deus. Pobres de nós, que só nas raras vigílias imitamos este exemplo do nosso Mestre. Neste grande gesto de dedicação de Jesus, aprendemos isto. Pelo menos dediquemos o maior tempo possível neste bendito exercício espiritual que fortalece a alma, habilitando-a para maiores realizações e grandes vitórias.

**4. Oração em ocasião de emergência.** À beira do túmulo de Lázaro, há quatro dias enterrado, Jesus simplesmente orou assim: "Pai, graças te dou, porque me ouviste"; e logo bradou: "Lázaro, vem para fora"; e Lázaro levantou-se redivivo.[4] Este era um momento de tremenda angústia. Havia o sofrimento e a dor explícita de seus amigos. Não era tempo para oração prolongada. Além disso, podemos entender que, quem ora fora das emergências, ora muito; e nesses momentos difíceis, não precisa orar muito para ser atendido.

Jesus tinha um estilo de vida que sabia distinguir as coisas urgentes das coisas importantes. Na sua agenda, oração era algo importante, de modo que Ele podia enfrentar as coisas urgentes, quando e onde estas surgissem. Por isso Ele orava muito. De modo contrário, quem está longe de Deus nunca ora muito. Quem está longe de Deus, pode orar gritando, como quem de fato está longe. Essa oração pode ser expressão de desespero e não de fé. Se você crê em Deus e na sua Palavra, permanece em comunhão com Ele, e no momento em que você ora, Ele o atende e o abençoa. Experimente e comece hoje!

**5. Oração em momentos de tentação.** Tentação não é coisa que possa ocorrer somente na presença do tentador, Satanás. Às vezes, nas circunstâncias mais diversas, terríveis tentações podem ser encontradas; e aí, então, é que a vida de oração pode ser o fator poderoso de decisões sérias que abrem caminhos para o triunfo do servo de Deus. Conforme aprendemos com o Senhor Jesus que, nas vésperas do Calvário, orou: "Pai, se queres, passa de mim este cálice"; a tentação também pode ocorrer no seio de nossas próprias escolhas, e precisamos estar atentos em oração.[5]

Este fato aconteceu no Getsêmani. Mateus diz que o Senhor Jesus fez esta mesma oração por três vezes. Por isso vemos que não é errado orar várias vezes, insistindo em pedir uma mesma coisa, quando as ondas adversas querem nos desviar do caminho traçado por Deus para nós. O que não podemos aceitar é afastar-nos do plano de Deus para a nossa vida. É por falta de coragem para enfrentar com orações persistentes que muitos desistem e fracassam. Se não fosse necessário, e se a oração não fosse um recurso divino para as maiores vitórias nas grandes lutas, Jesus não teria feito isso; mas Ele, também nos deixou brilhante exemplo.

**6. Oração em agradecimento.** A lição de Jesus quanto a este tipo de oração, temos em suas próprias palavras: "Graças te dou, ó Pai, Senhor do céu e da terra, porque ocultastes estas cousas aos sábios e entendidos, e as revelaste aos pequeninos".[6] Este é apenas um dos muitos exemplos de oração do Senhor Jesus, em agradecimento ao Pai. Nisto vemos um aspecto da oração que agrada ao céu. Quem ora tem motivos para agradecer a Deus. A oração que consiste só em pedidos pode estar eivada de egoísmo e de ingratidão.

Quando oramos e pedimos a Deus o que necessitamos, ao recebermos, devemos voltar a Ele com o nosso sincero agradecimento. Dez leprosos foram curados por Jesus; nove, quando se sentiram curados, foram para os seus familiares e ficaram somente com a bênção da cura. Um, porém, voltou ao Senhor Jesus, prostrou-se diante do Mestre e, adorando-o, agradeceu-lhe o benefício da cura. E o melhor aconteceu: Jesus disse-lhe: "A tua fé te salvou". Foi curado e foi salvo. Quando agradecemos ao Senhor pelas bênçãos recebidas, abrimos as portas para maiores bênçãos, provindas do tesouro da sua infinita graça.

**7. Oração para interceder.** Interceder é orar de maneira eficaz. Jesus foi o grande mestre neste tipo de oração. O capítulo 17 do Evangelho de João é composto de uma oração de Jesus, chamada a oração sacerdotal.

Interceder significa pedir por outrem, rogar, suplicar, intervir em favor de alguém. Estas palavras também têm a ver com a condição de quem intercede, e revelam que ao que intercede, é preciso que tenha a condição necessária de comparecer diante de Deus. Quem pede por outrem, quem roga, quem intervém em favor de alguém, deve ter boas relações com aquele a quem suplica. Isto nos ensina que não basta orar, mas orar a Deus, com quem mantemos comunhão. Um Deus a quem temos acesso, com intrepidez e inteira certeza de fé.

No capítulo 17 de João, temos no exemplo de Jesus o modelo da oração intercessória. Nos versos de 1 a 4, o Mestre ora por si mesmo; nos versos de 5 a 19, intercedeu pelos discípulos presentes; nos versos de 20 a 26, intercedeu por aqueles que viessem a crer nEle depois, pela pregação do Evangelho. Jesus orou por mim e por você. Ele continua esse ministério de intercessão. Em Hebreus 7.25, lemos que Ele "pode salvar totalmente os que por ele se chegam a Deus, vivendo sempre para interceder por eles". Pense bem nisto: Jesus intercede por você. Você que quer ser fiel até a morte, esteja sob o cuidado do Senhor Jesus. Por isso aprenda a orar com Jesus. Ore sempre. Ore por você. Interceda. Ore por todos.

[1] Mateus 26.41; Lucas 6.12
[2] Lucas 5.16; Mateus 6.6
[3] Marcos 1.35
[4] João 11.41,43
[5] Lucas 22.42
[6] Mateus 11.25

# 2

# Aprendendo a Orar com Jesus

*"De uma feita estava Jesus orando em certo lugar; quando terminou, um dos seus discípulos lhe pediu: Senhor, ensina-nos a orar como também João ensinou aos seus discípulos. Então ele os ensinou..."*
(Lc 11.1,2)

Certamente os discípulos, ao pedirem que o Mestre os ensinasse a orar, estavam sendo inspirados pelo exemplo do Senhor Jesus, a quem por muitas vezes viam prostrado em oração ao Pai. De fato, não poderia haver exemplo mais inspirador que o do Senhor Jesus. Os discípulos podiam sentir a diferença existente entre eles e o Mestre, na maneira de orar. Talvez em poucos minutos diziam tudo o que sabiam em matéria de oração. Não sabiam orar. Eram semelhantes a muitos cristãos na atualidade. Não gostam de orar. Não sabem orar. O tempo que gastam na oração e a maneira como oram revelam que precisam aprender a orar; e também que devem orar para aprenderem a orar.

Quando todos admitirem que não sabem orar e que precisam orar, e orar muito, certamente seguirão o exemplo dos discípulos, e pedirão: "Senhor, ensina-nos a orar". E Jesus os ensinou a orar. Ele orava porque reconhecia profunda e perfeitamente a importância da oração, e com certeza os discípulos, ao verem tal exemplo, sentiram também essa necessidade.

O texto em destaque[1] contém a oração que Jesus ensinou aos discípulos. Mais do que uma mera oração, a oração universalmente denominada de o Pai Nosso, constitui a epítome da doutrina cristã, pois revela as coisas que devemos reconhecer em relação ao Deus a quem oramos.

No decorrer deste trabalho, apresentaremos dezenas de reflexões, com variados temas, expondo numerosas coisas que devemos ter em vista quando nos dirigimos a Deus em oração. Insistiremos em ensinar a forma, os elementos e a natureza da oração eficaz. Orar, quase todos oram, mesmo sem saber orar, ou apenas orando inutilmente. Basta uma simples observação em reuniões ou cultos de oração, para percebermos que não poucos estão muito longe do padrão orientado por Jesus quanto à maneira correta de orar. Os discípulos não queriam pertencer a esta categoria e pediram: "Senhor, ensina-nos a orar".

## Orando para Saber Orar

E você, porventura sabe orar? Sabe que precisa orar? Sabe que orar é falar com Deus, e é o meio mais eficaz para ter uma vida espiritual abundante, próspera e vitoriosa? Se ainda não se sente seguro para poder afirmar que sabe, então siga o exemplo dos discípulos e, de coração, ore: Senhor, ensina-me a orar!

Se você não tem tempo para orar, saiba que o tempo gasto em oração é o mais importante da sua vida. Se você não tem vontade de orar, saiba que está precisando muito orar. A falta de vontade de orar é como o fastio. Quando alguém tem fastio e, por conseguinte, não quer se alimentar, esse é o momento quando mais precisa fazê-lo. E a oração é o único alimento que lhe salvará da inanição espiritual. Se você ora só pelos seus negócios, saiba que precisa orar mais por você do que pelos seus negócios. Estes e o seu trabalho não são a prioridade no conceito divino. A prioridade é você mesmo, por quem Cristo morreu, e a quem Deus ama e quer usar na realização da sua obra. Você, além de receber os preciosos dons inerentes à salvação, pela mesma graça fará jus ao galardão que o justo Juiz dará a cada um segundo o seu trabalho.

Considere também que, sem orar, poderá fazer apenas alguma coisa para você nesta vida, mas nada fará de valor eterno para Deus. Sem orar, a sua vida poderá ser inútil para o mundo e para Deus. Você pode viver apenas para si e morrer sem nada levar do mundo. Sem orar a sua alma estará sujeita aos ataques de Satanás, sem forças para resistir. Por isso a recomendação divina: "Quanto ao mais, sede fortalecidos no Senhor e na força do seu poder... para poderdes ficar firmes contra as ciladas do diabo... com toda oração e súplica, orando em todo tempo no Espírito, e para isto vigiando com toda perseverança e súplica por todos os santos".[2]

Os apóstolos que tanto ensinaram sobre oração, aprenderam a orar e fizeram da oração uma poderosa arma, com a qual venceram o mundo, o Diabo e a carne; e triunfaram sobre todos os poderes políticos, imperiais e satânicos que se lhes opunham, e realizaram a obra de Deus; serviram de exemplo para os santos e para o mundo, foram fiéis até a morte, conquistaram a herança da vida eterna, chegaram ao céu e se apoderaram da glória que Deus reservara para eles. Foi bom que orassem: "Senhor, ensina-nos a orar". Faça como os discípulos, peça ajuda ao Senhor e ore para saber orar.

## A Oração que Jesus Ensinou

A oração ensinada por Jesus, o Pai Nosso, constitui a epítome da doutrina cristã. Nesta oração ensinada por Cristo aos seus discípulos, o Mestre teve o propósito de ensinar-lhes preliminar e resumidamente a oração em seus aspectos essenciais, de modo correspondente com as suas necessidades relativas a esta vida, destacando, em especial, as necessidades espirituais relativas aos deveres para com Deus. Na oração do Pai Nosso, temos os princípios fundamentais da doutrina cristã revelados em vários detalhes, nos quais também são manifestados os propósitos de Deus com respeito aos seus filhos aqui na terra.

Atendendo ao pedido dos discípulos, ensinou-lhes a orar assim: "Pai nosso que estás nos céus, santificado seja o teu nome; venha o teu reino, faça-se a tua vontade, assim na terra como no céu, o pão nosso de cada dia dá-nos hoje; e perdoa-nos as nossas dívidas, assim como nós temos perdoado aos nossos devedores; e não nos deixes cair em tentação; mas livra-nos do mal, pois teu é o reino, o poder e a glória para sempre. Amém".

Não significa que esta seja a única oração que deva ser feita pelo crente, ou que deva ser decorada e recitada diariamente. Explicando isto, o Senhor Jesus reprova a oração formalista dos escribas e fariseus e a oração supersticiosa dos pagãos. No Pai Nosso, o Mestre amado ensina-nos novo caminho para Deus e estabelece, de maneira mais íntima, os meios de comunicação e comunhão com Deus, através da confiança de filhos que se dirigem ao Pai celestial com intimidade e fé; por meio da convicção de sua bondade paternal, tal como é revelada nas Sagradas Escrituras; através da obediência que evidencia o nosso respeito a Deus, o reconhecimento de sua autoridade divina, reconhecendo a Deus como causa da existência e sobrevivência de todas as coisas.

Quando oramos o Pai Nosso, e nisso nos baseamos, também externamos o nosso propósito de viver para Ele e de tributar-Lhe a glória que Lhe devemos por tudo o que somos e o que temos neste mundo, e o que esperamos ser na eternidade. Portanto, o Pai Nosso não é simplesmente uma "reza" e, sim, o resumo da doutrina cristã.

Enquanto comentarmos esta oração ensinada pelo Mestre eterno, exporemos os seus diversos aspectos. O nosso sincero desejo é levar você a uma melhor compreensão dos desígnios de Deus, expressos na doutrina cristã, que são o mais elevado padrão para a vida que agrada a Deus. São os padrões divinos ensinados na sã doutrina, o fator poderoso para o equilíbrio moral e espiritual da humanidade. Não basta orar, temos de orar reconhecendo a Deus como Pai, para obedecer-Lhe, para confiar nEle como Criador e Senhor de tudo e de todos, para reverenciá-Lo como o grande e eterno Benfeitor, para nos entregarmos aos seus cuidados, sem temor.

## Relação do Pai com os seus Filhos

"Pai nosso que estás nos céus, santificado seja o teu nome". Foi assim que Jesus iniciou a oração denominada o Pai Nosso. Nesta oração o Senhor ensina importantes lições a respeito do relacionamento de Deus com os homens, especialmente os que crêem na sua Palavra e a têm como revelação divina.

As palavras da oração de Jesus servem também de base para a identificação de nossos direitos como filhos de Deus, da intimidade possível dos filhos para com o Pai e da nossa reverência devida a Deus, o Pai; além de identificar o propósito de Deus na criação e na redenção do homem.

**1. O direito de filho de Deus.** Pai é a palavra que por si só estabelece relação com filho. É também a palavra freqüentemente usada no Novo Testamento para indicar os relacionamentos de Deus com os homens, aos quais deu o direito de filhos, mediante Jesus Cristo.

Convém notar que no Antigo Testamento raramente se lê a palavra Pai em relação a Deus, embora os nomes dados pelos judeus referentes a Deus revelassem toda a disposição divina para com a criatura humana. O direito de filho de Deus, em seu amplo sentido espiritual, só no Novo Testamento é que foi franqueado a todos os homens, por intermédio de Jesus Cristo, mediante a fé, a todos os que o aceitam como suficiente Salvador. Criaturas de Deus, todas as pessoas o são, pois todos foram criados por Deus, não para a vida dissoluta que muitos levam, mas para a identificação com a sua imagem, conforme a sua semelhança.

**2. Habilitação ao direito de filho de Deus.** O direito de filho de Deus está assegurado aos que recebem a Cristo como Salvador. O apóstolo João escreve: "A todos quantos o receberam, deu-lhes o poder de serem feitos filhos de Deus; a saber: aos que crêem no seu nome".[3]

Ainda que todos os homens sejam filhos de Deus, na qualidade de seres criados por Ele, com o dom da razão, como seres inteligentes, contudo o apóstolo João fala aqui de uma filiação espiritual, de um direito especial, assegurado àqueles que, como diz o apóstolo Pedro, "foram nascidos de novo, para uma viva esperança, mediante a ressurreição de Jesus Cristo dentre os mortos". Estas palavras dos apóstolos João e Pedro interpretam a doutrina do novo nascimento ensinada por Cristo a Nicodemos. Jesus insistiu em ensinar a Nicodemos a suprema importância do novo nascimento. Chegou a enfatizar: "Se alguém não nascer de novo, não pode ver o reino de Deus".[4]

Não é possível transformar uma choupana de madeira comum, de barro e palha em um grande e suntuoso edifício. É necessário uma mudança radical a partir dos alicerces. Não é possível também converter uma jangada em um grande navio. Da mesma forma, não seria e não será possível erigir o edifício de uma vida digna de Deus, utilizando os alicerces da velha natureza decaída, que recebemos de Adão.

Jesus falou de novo nascimento, não de reencarnação. Jesus ensinou que é necessário nascer de novo, o que também não significa nascer outra vez da carne ou retornar ao ventre materno e tornar a nascer. Nascer de novo, no ensino de Jesus, ou nascer da água e do Espírito, significa uma nova vida com base em uma nova natureza, a natureza de Cristo produzida no homem pelo efeito regenerador da Palavra de Deus e do Espírito Santo. Paulo fala da Palavra de Deus como água que lava e opera santificação: "Para que a santificasse, tendo-a purificado por meio da lavagem de água pela palavra", e também fala do lavar regenerador e renovador do Espírito Santo: "Mas segundo sua misericórdia, ele nos salvou mediante o lavar regenerador e renovador do Espírito Santo".[5]

Quando Jesus, em sua oração, referiu-se a Deus como Pai, ensinava também a respeito dos filhos de Deus pela fé em Cristo, novas criaturas para Deus, mostrava uma nova maneira de viver e agradar a Deus. Ore pensando nisto. Ore como verdadeiro filho de Deus e apodere-se das bênçãos do Pai.

**3. Convicção e segurança do filho de Deus.** Cremos que a real condição de filho de Deus torna-se uma experiência que enche o verdadeiro cristão de convicção e segurança. Estas são frutos de uma verdadeira coerência com a Palavra de Deus, que nos motiva em nosso relacionamento com Deus, o Pai. É lamentável que muitos que se dizem cristãos não tenham segura convicção dos direitos que são assegurados aos verdadeiros filhos de Deus. Será que nasceram de novo e não sabem? Nascer de novo não é reencarnar. Jesus disse: "O que é nascido da carne é carne". Isto significa que se cem vezes nascer da carne é sempre carne, a mesma carne, que na melhor hipótese será semelhante a do apóstolo Paulo, que disse: "Porque eu sei que em mim, isto é, na minha carne, não habita bem nenhum".[6]

Quem nasce da carne está sujeito à natureza pecaminosa e, por conseguinte, está impossibilitado de aproximar-se da perfeição reservada àqueles que são filhos de Deus. Esta perfeição só é alcançada em Cristo, e o meio de alcançá-la é pelo novo nascimento.

As expressões "gerado de novo" e "poder de serem feitos filhos de Deus" revelam o propósito de Deus, do nosso Pai celestial, de efetuar na natureza humana uma mudança radical, libertando o homem do seu estado decaído, fazendo-o participante da natureza divina, mediante uma completa entrega da vida a Cristo. É exatamente esta identificação com Cristo que resulta na mais perfeita convicção de sermos filhos de Deus. É também a causa de uma confiança inabalável do direito que temos à herança de seu reino. É disto que fala o apóstolo Paulo: "O próprio Espírito testifica com o nosso espírito que somos filhos de Deus. Ora, se somos filhos, somos também herdeiros, herdeiros de Deus e co-herdeiros com Cristo".[7]

Portanto, a oração do Pai Nosso deve representar, para aqueles que proferem estas palavras, a convicção de todas estas verdades, acerca de todas estas funções, inclusive o direito de filhos de Deus e de sermos participantes da herança dos céus, a morada que Deus tem preparado para os que, pela fé em Cristo e pela obediência à sua Palavra, se tornaram novas criaturas e se qualificaram como filhos de Deus.

**4. Intimidade e confiança.** "Pai nosso" é também uma sentença que inspira confiança e estabelece a perfeita intimidade que deve existir entre o homem e Deus, à semelhança do filho para com seu pai natural. Portanto, Pai nosso, deve ser para nós a expressão da nossa confiança na disposição de Deus para conosco. Devemos ouvi-las como palavras que nos inspiram confiança na bondade eterna de Deus, o Pai. A intimidade produz confiança e completa as relações dos filhos para com o Pai. Deus não é como imaginam os pagãos: um ser temível, inacessível, à maneira dos homens orgulhosos. Na Bíblia lemos: "Tendo grande sacerdote sobre a casa de Deus, aproximando-nos, com sincero coração, em plena certeza de fé".[8]

O que daí aprendemos, é que, se o homem assumir a posição de filho de Deus, mediante a fé em Cristo, e a aceitação da sã doutrina, pode aproximar-se dEle confiadamente, independente do favor de supostos mediadores. Ninguém mais do que o nosso Pai celestial se interessa em nosso bem-estar, especialmente no que diz respeito à vida futura. Ninguém melhor que o Senhor Jesus pode mudar a nossa causa com relação à eternidade. Neste sentido está escrito: "Porquanto há um só Deus e um só Mediador entre Deus e os homens, Cristo Jesus, homem. O qual a si mesmo se deu em resgate por todos". E mais: "Deus prova o seu próprio amor para conosco, pelo fato de ter Cristo morrido por nós, sendo nós ainda pecadores".[9]

O amor de Deus é a lei que regula a intimidade por Ele estabelecida para com os que o conhecem como Pai das misericórdias. Cristo é o mediador real e suficiente. Quaisquer outros são simplesmente supostos, falsos, inúteis, aceitos apenas por ignorância espiritual ou falta de conhecimento da bondade de Deus manifestada em Jesus Cristo.

Se você ora e diz: "Pai nosso", não o faça de forma mecânica. Se você chama Deus de Pai, por conseguinte, obedeça-o e confie nEle. Que a sua oração seja não somente a expressão de sua fé, mas igualmente da sua comunhão com Deus, o Pai.

[1] Mateus 6.9-13

[2] Efésios 6.10,11,18

[3] João 1.12

[4] 1 Pedro 1.5; João 3.1-7

[5] Efésios 5.26; Tito 3.5

[6] Romanos 7.18

[7] Romanos 8.16,17

[8] Hebreus 10.21,22

[9] 1 Timóteo 2.5,6; Romanos 5.8

# 3

# A Disposição Paternal de Deus

*"Pai nosso que estás nos céus..."*
(Mt 6.9)

A maior prova da disposição paternal de Deus está demonstrada no fato de haver Ele, na pessoa de Jesus, tomado forma humana para habitar com os homens. Deus mesmo diz na sua palavra: "Serei vosso Pai e vós sereis para mim filhos e filhas, diz o Senhor Todo-poderoso". É certo que não pode haver esta intimidade e, por conseguinte, não pode também haver confiança do homem para com Deus, quando ele, associando-se ao mundo em seus costumes pecaminosos, constitui-se inimigo de Deus. Como expressa Tiago, irmão do Senhor: "Não compreendeis que a amizade do mundo é inimiga de Deus? Aquele, pois, que quiser ser amigo do mundo, constitui-se inimigo de Deus". Tiago não diz, aqui, que Deus se torna inimigo do homem, e sim, que o homem constitui-se inimigo de Deus. Esta é a razão do homem desconfiar de Deus, embora o Criador permaneça o mesmo Pai amoroso, tal qual o pai do filho pródigo, espera que o homem se volte para Ele.[1]

Não há dúvida, entretanto, de que é o ser humano que tem de deixar o seu mau caminho, voltar-se para Deus e reatar as suas relações com o Pai. O conselho do profeta divinamente inspirado é: "Deixe o perverso o seu caminho, o iníquo os seus pensamentos; converta-se ao Senhor, que se compadecerá dele, e volte-se para o nosso Deus, que é rico em perdoar".[2] É por causa do pecado que o homem desespera da misericórdia de Deus. Nenhuma razão provém de Deus para isto. A desconfiança é própria do estado espiritual irregular do homem, que nos seus pecados perde a identidade de filho de Deus.

A intimidade entre o homem e Deus é também chamada de comunhão, que é o fator de poder espiritual e vida, e não deixa lugar para a dúvida. Quem tem comunhão com Deus, conhecendo-o na plenitude do seu amor e, assim, confia na sua bondade infinita e no seu poder, não vive cercado de temores e sobressaltos; pelo contrário, exercita a graça vitoriosa que vem com a certeza de que não somente é filho, mas também tem intimidade com o Pai.

Nas suas relações paternais com o homem, Deus tem dado infalíveis provas do seu amor, provas suficientes para confiarmos nEle como nosso Pai que está nos céus. Essas provas são a causa da intimidade estabelecida entre o Pai e seus filhos. Deus é o Todo-poderoso, mas aceita-nos como filhos pelo seu amor paternal e divino. A propósito, lemos: "O Senhor é excelso, contudo atenta para os humildes".[3] Ele é o Todo-Poderoso, mas também é Pai. A sua soberania inspira respeito, mas a sua bondade paternal inspira confiança.

Conta-se que certo imperador saiu para uma batalha decisiva e arriscada. Combateu e venceu. Voltando à sede do império, suas tropas em forma, prestaram-lhe homenagens, com todo o rigor de segurança exigida. Rompendo a multidão, uma menina correu ao encontro do imperador. Um guarda tentou detê-la, dizendo: "Para onde vais, menina, é o imperador". Ela parou só para dizer: "É o imperador, mas é também o meu pai"; e, correndo, lançou-se aos braços de seu pai, que a recebeu com alegria, quebrando o rigor do cerimonial.

Deus é infinitamente poderoso, mas o seu amor paternal nos anima e nos encoraja a aproximarmos dEle com a maior segurança. Temos o direito a essa intimidade filial, que só o pecado pode impedir. O salmista de Israel externa tal confiança em Deus, ao dizer: "Se meu pai e minha mãe me desampararem, o Senhor me acolherá". Foi para reforçar esta confiança que deve haver de nossa parte para com Deus, que Jesus iniciou a oração que ensinou aos discípulos, dizendo: "Pai nosso". Com respeito à disposição paternal de Deus, Jesus disse ainda: "Deus, o vosso Pai, sabe o que tendes necessidade antes que lho peçais"; e também: "o Pai celestial dará o Espírito Santo àqueles que lho pedirem".[4]

Portanto, todas as vezes que orarmos, estejamos certos de que nos dirigimos ao Pai celestial, que se deleita na intimidade que Ele mesmo faculta aos que, com sincero coração, se aproximam dEle. Deus se interessa em todas as nossas causas justas, pois nos ama.

O Deus supremo é Todo-poderoso, não conhece impossíveis; é rico e tem colocado as riquezas de sua graça à disposição de seus filhos. Este é um privilégio doutrinário fortemente revelado e comprovado na Bíblia, e foi isto que Jesus ressaltou quando na oração que ensinou aos discípulos, disse: "Pai nosso que estás nos céus". Bendito Pai. Glorioso Pai. PAI NOSSO!

[1] 2 Coríntios 6.18; Tiago 4.4; Lucas 15.11, respectivamente.

[2] Isaías 55.7

[3] Salmos 138.6

[4] Salmos 27.10; Lucas 11.13

# PARTE 2

# A Oração Eficaz

# 4

# A Oração Eficaz

*"Confessai, pois, os vossos pecados uns aos outros, e orai uns pelos outros, para serdes curados. Muito pode, por sua eficácia, a súplica do justo"*
(Tg 5.16)

A oração eficaz está intimamente relacionada com a vida abundante em todos os seus aspectos. Não há vida abundante sem oração abundante. Assim como afirmou alguém, que pouca oração gera pouco poder, nenhuma oração resulta nenhum poder, e muita oração gera muito poder; assim também oração abundante produz vida abundante.

Neste estudo devocional vamos observar que a oração eficiente abrange muitos outros aspectos da vida nas relações com Deus. A relevância do assunto sugerido pelo nosso tema é de fundamental importância, pois não basta orar, tem de orar de modo eficaz; e a oração, para ser eficaz, não pode prescindir das regras ensinadas pela Palavra de Deus. Passemos, portanto, aos detalhes:

**1. A base da oração eficaz é o perfeito reajustamento das relações com Deus.** Oração sem esta base será inútil. Deus só ouve ou atende ao desobediente, quando este com sincero arrependimento e ardente desejo de voltar-se para Deus, de reintegrar-se no plano divino da salvação, clama ao céu, pois aí já iniciou o retorno à obediência.

Em Provérbios, lemos: "O que desvia os seus ouvidos de ouvir a lei, até a sua oração será abominável". Era uma verdade comum entre os judeus de que Deus não atende aos desobedientes contumazes. Esta verdade pode ser observada por ocasião da cura de um cego de nascença por Jesus. Os fariseus pressionavam o agora ex-cego, tentando provar que Jesus não era usado por Deus, ao que ele respondeu: "Deus não atende a pecadores; mas, pelo contrário, se alguém teme a Deus e pratica a sua vontade, a este atende". O apóstolo também escreve: "E esta é a confiança que temos para com ele, que, se pedirmos alguma coisa segundo a sua vontade, ele nos ouve".[1]

Não esqueça que o texto citado de Provérbios fala de oração abominável, a oração do que desobedece propositadamente a Palavra de Deus.

Deus tem revelado claramente os seus propósitos para com os homens, não somente quanto à sua bondade, mas também quanto aos deveres da criatura para com o Criador.

Atente para essas revelações, estas advertências e estas sentenças da Bíblia. Diz o Senhor: "Atentai para a minha repreensão; eis que derramarei copiosamente para vós outros o meu espírito e vos farei saber as minhas palavras. Mas, porque clamei, e vós recusastes; porque estendi a minha mão, e não houve quem atendesse; antes rejeitastes todo o meu conselho, e não quisestes a minha repreensão; também eu me rirei na vossa desventura, e, em vindo o vosso terror, eu zombarei, em vindo o vosso terror como tempestade, em vindo a vossa perdição com o redemoinho, quando vos chegar o aperto e a angústia. Então me invocarão, mas eu não responderei; procurar-me-ão, porém não me hão de achar. Porquanto aborreceram o conhecimento, e não preferiram o temor do Senhor; não quiseram o meu conselho e desprezaram toda minha repreensão. Porquanto comerão do fruto do seu procedimento e dos seus próprios conselhos se fartarão".[2]

**2. A oração eficaz depende da nossa concordância com Deus.** Não é Deus quem tem de concordar conosco; somos nós que temos de submeter-nos à sua Palavra, e habilitar-nos ao direito de todas as bênçãos prometidas. Deus nos atende por misericórdia, nós lhe atendemos por dever. Nós pedimos; Ele ordena. A diferença e a desavença consiste nisto: Ele é bom, é misericordioso, mas nós somos desobedientes e maus. Porém atente, por fim, no que diz a Palavra: "Chegai-vos a Deus e ele se chegará a vós". Então cumprir-se-á o que foi dito por intermédio do profeta Isaías: "E será que antes que clamem, eu responderei; estando eles ainda falando, eu os ouvirei".[3] Que assim seja!

**3. A oração eficaz é persistente.** A oração eficaz, nesse contexto, é a oração do profeta Elias, que se caracteriza pela persistência; é a oração ardorosa, com fervor; é a súplica reiterada. É a oração de quem contempla a vitória no plano de Deus. Consideremos o seguinte:

*Não há registro da oração de Elias para não chover*. No texto referente a essa história não há nenhuma referência de que Elias tenha orado para não chover, a não ser no texto de Tiago anteriormente citado. Dessa história, no livro de 1 Reis, lemos apenas isto: "Então Elias... disse a Acabe: Tão certo como vive o Senhor, Deus de Israel, perante cuja face estou, nem orvalho nem chuva haverá nestes anos segundo a minha palavra".[4] Então, por que Tiago diz que Elias orou com instância para que não chovesse? Não temos dúvidas de que Elias de fato orou, como informa o apóstolo, irmão do Senhor Jesus. Por que Elias orou dessa forma? As conclusões certamente são estas:

Primeiro, porque a seca seria o juízo divino capaz de despertar a consciência corrompida do povo. Elias orou com instância para que não chovesse, porque o povo, imerso na idolatria e na imoralidade, precisava ter a sua consciência despertada. O próprio rei Acabe deveria ter abatido e dominado o seu instinto perverso e soberbo. Deus tem muitas maneiras de falar e tem recursos para todos os males e para todas as ocasiões. Certamente, muitas vezes Elias orou pelo seu povo, para que Deus lhes falasse, chamando-os à conversão, para o caminho da obediência; e Deus falou na verdade. Falou pelos profetas, falou através de milagres, mas não ouviram, não entenderam.

Segundo, há tempo de orar e há tempo de agir em nome do Senhor. Os filhos de Israel estavam orando às margens do mar Vermelho, quando Deus falou a Moisés: "Por que clamas a mim? Dize aos filhos de Israel que marchem. E tu, levanta a tua vara, estende a mão sobre o mar e divide-o, para que os filhos de Israel passem pelo meio do mar em seco". Há tempo de orar com instância e há tempo de confiar com segurança. Elias, que diante de Deus havia orado com instância, diante de

Acabe apenas ordena: "Nem orvalho, nem chuva haverá nestes anos, segundo a minha palavra".[5]

*Houve persistência na oração para que chovesse.* Eis o que está escrito: "Elias, porém, subiu ao cume do Carmelo e, encurvado para a terra, meteu o rosto entre os joelhos, e disse ao seu moço: Sobe, e olha para a banda do mar. Ele subiu, olhou, e disse: Não há nada. Então lhe disse Elias: Volta. E assim por sete vezes. À sétima vez disse: Eis que se levanta do mar uma nuvem pequena como a palma da mão do homem... Dentro em pouco os céus se enegreceram, com nuvens e vento, e caiu grande chuva".[6]

Não sabemos quanto tempo demorou o servo de Elias para ir e voltar por sete vezes a olhar se aparecia o sinal de chuva; mas a posição em que se encontrava o profeta no monte Carmelo nos faz crer que demorou bastante tempo na ida e volta ao local, de onde o servo podia olhar para o lado do mar. Foi o tempo em que Elias insistia diante de Deus em oração para que voltasse a chover sobre a terra. Isto nos ensina que a oração eficaz é sempre acompanhada de fé e coragem para persistir diante de Deus, em atitude de quem não espera outra coisa senão a resposta na hora oportuna e a vitória certa pela providência do Senhor.

Quando oramos, podemos orar por quem está muito longe de Deus, conquanto nós mesmos estejamos perto. Aí deve haver força para persistir, pois urge fazê-lo com fé em Deus. Faça isto e experimente a doçura da vitória que só tem quem se aventura na jornada de oração e deposita sua fé inteiramente em Deus!

[1] Provérbios 28.9; João 9.31; 1 João 5.14, respectivamente.

[2] Provérbios 1.23-31

[3] Tiago 4.8; Isaías 65.24

[4] 1 Reis 17.1

[5] Êxodo 14.15,16; 1 Reis 17.1

[6] 1 Reis 18.42-45

# 5

# A Natureza da Oração Eficaz

*"... com toda oração e súplica,*
*orando em todo tempo no Espírito,*
*e para isto vigiando com toda perseverança*
*e súplica por todos os santos"*
*(Ef 6.18)*

Há ricos e preciosos detalhes nesse pequeno trecho bíblico de Efésios, em destaque, sobre a oração. Vamos considerar a natureza da oração eficaz, de modo que possamos adentrar pelos meandros de seus segredos e fazer parte da galeria daqueles que perseveraram em oração e se tornaram vencedores. Vejamos:

**1. Oração e súplica.** No texto em destaque, lemos: "Com toda oração e súplica"; o que denota uma oração especial. Oração com instância e humildade. É a oração que revela o ardente desejo da alma ao receber a bênção do Pai celestial. A oração de quem pode avaliar a importância das coisas de Deus. É a oração de quem compreende que oração não deve ocupar o lugar de uma quinta prioridade na vida e nas atividades de uma pessoa. Oração e súplica é a oração de quem busca com o propósito incontido e inabalável de encontrar o Pai das misericórdias. É a expressão de quem com fé apela para a bondade de Deus com ânsia de receber o socorro para ser ajudado em tempo oportuno.

Deste tipo de oração e dos seus resultados, temos lindos exemplos na Bíblia. Destacamos o de Ana, inconformada com a sua impossibilidade de ter filhos, e que decidiu resolver o problema em fervente oração a Deus. Quando o sacerdote Eli suspeitava que ela estava embriagada, ela respondeu: "Não, senhor meu, eu sou mulher atribulada de espírito; não bebi nem vinho nem bebida forte, porém venho derramando a minha alma perante o Senhor". Deus respondeu a oração e súplica de Ana e lhe deu o filho Samuel, que foi uma bênção para a sua geração. Oração e súplica é o tipo de oração que se faz com coração quebrantado, como está escrito: "A um coração quebrantado e contrito, não desprezarás, ó Deus".[1]

**2. Oração em todo tempo.** No verso em destaque, lemos também: "Orando em todo tempo". Orar em todo tempo aqui significa uma vida inteira de oração a Deus, de maneira regular, como regular deve ser a nossa alimentação. Quando oramos regularmente, progredimos; quando deixamos de orar, regredimos, e caminhamos para o fracasso.

Na história do rei Uzias temos vivo exemplo disto. Dele lemos o seguinte: "Propôs-se a buscar a Deus nos dias de Zacarias, que era entendido nas visões de Deus; nos dias em que buscou ao Senhor, Deus o fez prosperar". Temos aqui um exemplo a ser seguido e um exemplo a ser evitado cuidadosamente. Uzias fez bem em buscar ao Senhor, mas lamentavelmente buscou apenas nos dias de Zacarias, que era um homem espiritual. Você não deve seguir este exemplo na sua totalidade. A oração deve ser resultado da consciência da enorme necessidade que temos da ajuda de Deus. Para isso é bom lembrar o que Jesus disse: "Sem mim nada podeis fazer".[2] Enquanto Uzias buscava ao Senhor, era humilde e obediente, prosperava e se fortificava. Quando, porém, deixou de orar, deixou de obedecer; exaltou-se, ficou leproso, deixou o trono, e acabou-se. Para sermos prósperos e vitoriosos em todo tempo, temos de orar em todo o tempo, e ter uma vida regular de oração.

**3. Oração no Espírito.** Aqui temos Espírito com letra maiúscula, o que é uma referência ao Espírito Santo. Judas, um dos irmãos do Senhor Jesus, ensina: "Vós, porém, amados, [edificai-vos] na vossa fé santíssima, orando no Espírito Santo". Também o apóstolo Paulo ensina que "o Espírito... nos assiste em nossa fraqueza; porque não sabemos orar como convém, mas o mesmo Espírito intercede por nós sobremaneira com gemidos inexprimíveis".[3] É terrível esta declaração: "Não sabemos orar como convém". Deste fato podemos certificar-nos pela Bíblia e pela nossa própria experiência. Quando não éramos crentes, quando não tínhamos comunhão com o Espírito Santo, a nossa oração consistia numa reza decorada e nada mais; era uma oração aprendida que não levava nenhum anseio à alma e não subia a Deus, especialmente quando feita diante de ídolos.

Quanto à Bíblia, esta faz referência à três exemplos de orações erradas:[4]

Primeiro, a oração do fariseu, que orava de si para si, uma oração eivada de orgulho e prepotência, e Jesus disse que ele desceu sem ser justificado.

Segundo, a oração de Maria, a mãe dos apóstolos Tiago e João, que pediu a Jesus para que no seu reino, os filhos dela se assentassem, um à direita e outro à esquerda dEle, a qual é uma oração assinalada de interesses pessoais, e o Senhor não a atendeu.

Terceiro, a oração egoísta, descrita por Tiago, como lemos: "Pedis, e não recebeis, porque pedis mal, para esbanjardes em vossos prazeres". Oração marcada de desejos carnais, da qual está dito: "Não recebeis". Só o Espírito Santo, que conhece a vontade de Deus e intercede por nós, sabe guiar-nos para orar como convém, segundo a vontade de Deus. Por isso está escrito: "Se pedirmos alguma coisa segundo a sua vontade, ele nos ouve". Que assim seja com cada um de nós!

**4. Oração sábia.** "Para isto vigiando", é a expressa recomendação do texto. Quando oramos no Espírito Santo, o Espírito nos guia, não somente às prioridades do ponto de vista de Deus, mas também pelas vias de acesso ao Pai das luzes. A nossa oração é marcada de sabedoria todas as vezes que oramos no Espírito. No livro de Atos temos o registro do exemplo distinto de uma atitude que resultou numa oração sábia. Pressionados pelas autoridades para que não mais falassem no nome de Jesus, os apóstolos procuraram a igreja, contaram sua história e levaram o povo a orar. "Ouvindo isto, unânimes levantaram a voz a Deus e disseram: Tu, Soberano Senhor, que fizeste o céu, a terra, o mar e tudo o que neles há; que disseste por intermédio do Espírito Santo, por boca de nosso pai Davi, teu servo: Por que se enfureceram os gentios, e os povos imaginaram cousas vãs? Levantaram-se os reis da terra e as autoridades ajuntaram-se à uma contra o Senhor e contra o seu Ungido; porque verdadeiramente se ajuntaram nesta cidade contra o teu santo Servo Jesus, ao qual ungiste, Herodes e Pôncio Pilatos, com gentios e povos de Israel, para fazerem tudo o que a tua mão e o teu propósito predeterminaram; agora, Senhor, olha para as suas ameaças, e concede aos teus servos que anunciem com toda a intrepidez a tua palavra, enquanto estendes a mão para fazer curas, sinais e prodígios, por intermédio do nome do teu santo Servo Jesus". Em seguida o texto indica o que aconteceu: "Tendo eles orado, tremeu o lugar onde estavam reunidos; todos ficaram cheios do Espírito Santo, e, com intrepidez, anunciavam a palavra de Deus".[5]

Dessa seqüência de eventos, surgiram algumas importantes lições:

Primeiro, eles fundamentaram sua oração nas promessas de Deus. As promessas de Deus são a base da fé que nos transporta ao trono da graça e nos abre as portas aos tesouros infinitos das bênçãos do nosso Pai celestial. É ineficaz a oração que as alicerça nos próprios merecimentos, ou é fruto da ansiedade ou é movida pelas necessidades, simplesmente.

Segundo, eles oraram com unanimidade e com ordem. O texto diz: "Unânimes levantaram a voz a Deus". Sem ordem não pode haver unanimidade na oração. Quando muitos oram juntos, e cada um ora segundo seus interesses particulares, a oração se torna confusa. Não é assim que o Espírito Santo inspira e ensina. Orar com unanimidade é orar todos com o mesmo propósito, tendo em mente as promessas de Deus e em vista a sua causa.

Terceiro, eles não pediram que fossem isentos das tribulações. Tal oração seria contrária ao que lemos no livro dos Salmos, que diz que "muitas são as aflições dos justos".[6] Pediram que Deus estendesse a sua mão para fazer curas, sinais e milagres por intermédio deles e que lhes permitissem falar com toda ousadia a Palavra do Senhor. Pediram o que era essencial para o triunfo do Evangelho — pregação com ousadia, acompanhada dos milagres que confirmam a pregação do Evangelho. Pediram o que também constitui a grande necessidade em nossos dias. Como resultado dessa oração sábia e unânime, tremeu o lugar em que estavam reunidos, todos foram cheios do Espírito Santo, e, com grande intrepidez, pregavam a Palavra de Deus. O problema foi resolvido e Deus, glorificado.

Quarto, eles oraram com perseverança. Perseverar em oração é persistir em bater à porta das misericórdias de Deus. Foi este tipo de oração que levou Jacó a triunfar sobre as tremendas adversidades que o ameaçavam. Foi a perseverança que animou a Elias, o profeta, a orar até que o céu se abriu e vieram chuvas com abundância sobre a terra, depois de três anos de seca em Israel. Jesus propôs a parábola do juiz iníquo, sobre o dever de orar sempre e nunca esmorecer. O juiz não queria atender à viúva que, por se sentir prejudicada, batia à sua porta. Mas ela tanto insistiu que ele acabou por atendê-la. Daquilo dependia a sua honra e a sua vida, e ela sabia que não poderia mais viver sem que tivesse ganhado aquela causa.[7] Disso também aprendemos que a perseverança é proporcional ao nosso interesse pela causa sobre a qual oramos.

Por último, eles suplicaram por todos os santos. Essa é a oração intercessória. É a oração que elastece o espaço para ajudar a todos quantos desejamos levar a Deus em oração. Oração intercessória é a oração que revela a nossa abnegação e o ardente zelo por aqueles a quem desejamos ver no céu. Não há dúvida; sempre que o Espírito Santo tiver liberdade para nos guiar na oração, nos constrangerá a transpor os limites dos nossos interesses.

Colocamo-nos no verdadeiro ofício sacerdotal quando oramos intercedendo. Quando imitamos ao nosso Senhor e Salvador, que passava a noite em oração, pedindo e suplicando ao Pai pelos discípulos, tanto os daqueles dias como os do futuro, para que fossem guardados do mal e preservados para aquela glória que Ele tivera com o Pai antes que o mundo existisse.

Em nosso texto em destaque, somos ensinados, portanto, a orar por todos os santos. Em sua carta a Timóteo, Paulo igualmente nos exorta a orar "em favor de todos os homens, em favor dos reis e de todos os que se acham investidos de autoridade, para que vivamos vida tranqüila e mansa, com toda piedade e respeito".[8] Esta oração requer amor pelo nosso semelhante e um espírito voluntário. Esta é a oração de quem se sente na presença de Deus. Seja esta a sua oração. E que Deus lhe ajude!

1 1 Samuel 1.15; Salmos 51.17 (ARC)

2 2 Crônicas 26.5; João 15.5

3 Judas 20; Romanos 8.26

4 1° exemplo: Lucas 18.9.14 – 2° Mateus 20.20-23 – 3° Tiago 4.3; 1 João 5.14

5 Atos 4.23-30

6 Salmos 34.19

7 Lucas 18.1-7

8 Ver Efésios 6.18 e 1 Timóteo 2.1,2

# 6

# A Oração Eficaz e o Avivamento

*"Responde-me, Senhor... para que este povo saiba que tu, Senhor, és Deus, e que a ti fizeste retroceder o coração deles. Então caiu fogo do Senhor, e consumiu o holocausto, e a lenha, e as pedras, e a terra, e ainda lambeu a água que estava no rego"*
(1 Rs 18.37-39)

Voltamos um pouco atrás para dizer que Elias, antes de orar para chover, orou pelo avivamento; antes de orar para que viesse chuva do céu, orou para que descesse fogo do céu.

Isto nos ensina que as provisões espirituais de Deus são necessidades mais urgentes que as bênçãos materiais. Se o povo, antes de se voltar para Deus, recebesse a bênção da chuva e tempo de fartura, poderia continuar de mal a pior e se distanciar mais de Deus. Pois, de fato, duas coisas podemos ver: tanto há homens que se aproveitam das bênçãos da saúde e tempos abundantes para se aprofundarem mais nas orgias e no pecado, como há homens que só se rendem quando a mão de Deus pesa forte sobre eles. É bom que estes saibam, de antemão, o que a Palavra adverte: "Horrenda coisa é cair nas mãos do Deus vivo".[1]

Estaremos, portanto, tratando das bases para a oração eficaz feita pelo profeta Elias, no tempo da maior crise espiritual do povo de Israel. As crises espirituais só são dominadas e vencidas, e desaparecem, quando há oração eficaz, caracterizada pelo reajuste com Deus, pela fé e pela oração oportuna. A oração eficaz é o principal fator da verdadeira fé, e fé verdadeira nunca é inoperosa. Sempre promove ação irresistível, em nome do Senhor.

Passemos agora aos aspectos da oração eficaz em relação ao avivamento, o que encontramos na maneira de proceder de Elias.

**1. Elias restaurou o altar do Senhor.** É o que lemos no versículo 30, e significa o reajuste da vida espiritual. Há pouca esperança para quem ora sem corrigir o que está desmantelado na vida, em relação ao culto a Deus. Oram errado, os que oram esperando ou desejando bênçãos exclusivamente para esta vida. A Bíblia nos ensina que a primeira e maior bênção de Deus é separar-nos dos nossos erros.

O apóstolo Pedro, pregando aos judeus, disse: "Tendo Deus ressuscitado ao seu Servo [Jesus], enviou-o primeiramente a vós outros para vos abençoar, no sentido de que cada um se aparte de suas perversidades". É isto que Deus ensina através dos séculos. Falando a Salomão, Deus diz: "Se o meu povo, que se chama pelo meu nome, se humilhar, orar e me buscar, e se converter dos seus maus caminhos, então eu ouvirei dos céus, perdoarei os seus pecados e sararei a sua terra".[2]

Por falta de conhecimento da Palavra de Deus, muitos por mera intuição religiosa, rezam ou oram, fazem penitência, mas não se convertem dos seus erros. A Bíblia é rica em ensinamentos que regulamentam a maneira como Deus responde as nossas orações. Falando pelo profeta Isaías, Deus disse: "Perguntam-me pelos direitos da justiça, têm prazer em se chegar a Deus, dizendo: Por que jejuamos nós, e tu não atentas para isso? Por que afligimos as nossas almas, e tu não o levas em conta? Eis que no dia em que jejuais cuidais dos vossos próprios interesses e exigis que se faça todo vosso trabalho. Eis que jejuais para contendas e rixas, e para ferirdes com punho iníquo; jejuando assim como hoje não se fará ouvir a vossa voz no alto".[3]

Estas são as regras divinas para a oração eficaz. Não é orar como quem apenas sente alguma necessidade esporádica de Deus. Na verdade, todos precisamos de Deus, para tudo, mas antes de tudo precisamos da graça de Deus para libertar-nos dos nossos pecados, nos reconciliarmos com Ele e nos habilitarmos para o céu. Ore, meu irmão, mas antes reconstrua o altar da sua vida e reajuste o seu relacionamento com Deus.

**2. Elias restaurou o altar baseado nas promessas de Deus.** O texto inicial nos diz: "Tomou doze pedras, segundo o número das tribos dos filhos de Jacó, ao qual viera a palavra do Senhor, dizendo: Israel será o teu nome". O que isto nos ensina? A oração eficaz não pode deixar de se basear nas promessas de Deus, pois elas são a base sólida, insubstituível da fé, e não há fé verdadeira à parte da Palavra de Deus.

De certo modo toda pessoa possui fé, uma fé mental, meramente psicológica, que consiste na crença ou concepção de que existe um ser supremo. Baseado neste tipo de fé, as relações das criaturas para com o Criador são semelhantes ao de senhores para com o servo — é que Deus é o ser de quem se pode esperar ajuda para tudo o que queremos fazer. Ou então, que Deus é para essas pessoas algo semelhante a um analgésico, a que se busca na hora de uma dor de cabeça, o que é uma injuriosa inversão de valores.

Deus é, de fato, o infalível protetor de quem nos vêm todas as provisões para esta vida — e isto pode ser admitido por uma fé meramente natural. Mas Deus, segundo a sua Palavra e a fé que nela se baseia é, além de tudo o que concerne às nossas necessidades do presente, o Senhor da própria vida. Ele é o salvador da nossa alma, quando a Ele nos entregamos com sincero arrependimento, fé e decisão; mas também é o Senhor da nossa vida, com direito a governá-la e conduzi-la pelo caminho da justiça. Quando reconhecemos isto, podemos orar de modo eficaz, na certeza de que o Deus infalível que prometeu-nos as riquezas do céu pelo Evangelho de Cristo, é também fiel para cumprir as suas santas promessas.

Elias, ao reconstruir o altar com doze pedras, número dos filhos de Jacó, estava trazendo à memória do povo a aliança de Deus com Abraão, com Isaque e com Jacó, para que a nação voltasse a confiar no Deus verdadeiro, abandonando os ídolos, com os quais todo o povo se corrompera.

A oração eficaz nunca pode se separar da Palavra de Deus, no que diz respeito à fé e à obediência.

Quando os primeiros cristãos foram proibidos de continuar a pregar e a ensinar em nome de Jesus, diz a Bíblia: "Ouvindo isto, unânimes levantaram a voz a Deus e disseram: Tu, Soberano Senhor, que fizeste o céu, a terra, o mar e tudo o que neles há; que disseste por intermédio do Espírito Santo, por boca de nosso pai Davi, teu servo: Por que se enfureceram os gentios e os povos imaginaram cousas vãs?".[4] Citaram as palavras de Deus, mencionaram a Trindade e oraram com unanimidade; e tendo orado, tremeu o lugar em que estavam reunidos, todos foram cheios do Espírito Santo e, com grande intrepidez, continuavam pregando a palavra de Deus. O problema foi resolvido quando foram cheios do Espírito Santo. No tempo de Elias desceu fogo do céu e o povo se voltou para Deus. O Espírito Santo desceu sobre a igreja em Jerusalém e a igreja triunfou. É assim que funciona a oração eficaz.

**3. Elias edificou o altar em nome do Senhor.** À semelhança dos nossos dias, nos tempos de Elias havia um sem-número de altares em nome de tantos ídolos mortos, aos quais o povo se apegava, pois aos ídolos podiam adorar e continuar praticando toda sorte de imoralidade. Eles oravam, mas oravam a Baal. Oravam, mas oravam inutilmente. Toda e qualquer oração, a não ser ao Deus verdadeiro, e em nome de Jesus, além de ser ineficaz, é pecado.

O povo via o profeta Elias colocando as doze pedras na construção do altar, ao mesmo tempo que o ouvia invocar o nome do Senhor. Era como se dissesse a todos: Filhos de Israel, Abraão, o nosso pai, edificou numerosos altares ao nome do Senhor, o único Deus verdadeiro, que nos tem feito uma nação abençoada. Esta seca de três anos e meio que nos tem afligido é castigo de Deus por causa da vossa idolatria. Deus vai mandar chuva; eu vou orar para que Deus mande chuva sobre a vossa terra, mas antes que a chuva venha da parte de Deus, vocês devem se voltar para Deus, adorando a Ele somente, no altar em que se concentram as promessas do Todo-Poderoso.

Era como dizer ao povo: O nome do Senhor tem sido a força que tem dado grandes vitórias a Israel nas batalhas. Poderia mesmo lembrar a grande façanha de Davi, quando desafiou Golias, dizendo: "Tu vens contra mim com espada, e com lança, e com escudo; eu, porém, vou contra ti em nome do Senhor dos Exércitos...".[5]

A oração eficaz produz fé eficaz, e esta tem base no poder do nome do Senhor. Pois no nome do Senhor há poder para curar as enfermidades. Este é um assunto que permeia toda a Escritura, pois o mesmo Deus diz: "Eu sou o Senhor que te sara". Os séculos têm testemunhado milhões de casos em que orações são elevadas ao céu e enfermos têm sido levantados dos leitos em que esperavam a morte. No nome do Senhor há poder sobre os demônios, mensageiros de Satanás, que muitas vezes tem afligido a tantos, pela obsessão, pela opressão e pela possessão. O poder de Satanás e dos demônios que zomba dos recursos humanos, tem sido e está sendo dominado pelo poder soberano do nome do Senhor.

No nome do Senhor, e no seu nome exclusivamente, há poder para redimir e salvar. O apóstolo Pedro afirmou: "Abaixo do céu não existe nenhum outro nome, dado entre os homens, pelo qual importa que sejamos salvos". E também disse: "Dele todos os profetas dão testemunho de que, por meio de seu nome, todo o que nele crê recebe remissão dos pecados".[6] Os ídolos, quer sejam os dos pagãos, quer sejam os dos cristãos, não podem fazer nada disto.

Prezado leitor, procure orar eficazmente, mas leve em conta tudo isto. No nome do Senhor há poder. Glória ao Senhor! Portanto, não se esqueça de que a oração eficaz se faz acompanhar dos necessários reajustamentos com Deus e é precedida de ações que constituem expressão de fé no poder de Deus.

**4. Elias preparou o sacrifício para o Senhor.** Elias sabia o valor do sacrifício. Desta vez o profeta Elias está a mais um passo no caminho da vitória, na prática do sacrifício. No texto inicial, temos: "Então armou a lenha, dividiu o novilho em pedaços, pô-lo sobre a lenha".

Em toda a Bíblia vemos o valor do sacrifício, ensinando-nos que todos os sacrifícios eram símbolos e figuras que culminaram com o sacrifício superior, realizado por Cristo na cruz; onde o Senhor se deu à imolação, como Cordeiro de Deus que tira o pecado do mundo. O sacrifício está internamente ligado à vida espiritual abundante, à oração eficaz, à fé verdadeira. Os que não estão dispostos ao sacrifício não poderão servir bem a Deus. O Senhor Jesus ensinou isto quando disse: "Se alguém quer vir após mim, a si mesmo se negue, dia a dia tome a sua cruz e siga-me".[7]

A própria oração, no início pode ser um sacrifício; mas persistindo, e chegando ao trono da graça, à presença de Deus, passa a ser enlevo espiritual, um verdadeiro deleite e lenitivo. Era certamente isto que o salmista sentia, ao dizer: "Na presença do Senhor há fartura de alegria".[8] Esta é, sem dúvida, a experiência de milhões de crentes que têm experimentado a plenitude do Espírito Santo. Este é certamente o motivo por que muitos servos de Deus passem horas a fio aos pés do Senhor, em oração. Isto acontece não apenas pela consciência de que necessitamos de Deus, mas também pelo prazer de estar conversando com aquEle que nos amou a ponto de dar o seu próprio filho Jesus como propiciação pelos nossos pecados. O sacrifício, quando aceitável, sempre resulta em alegria. Depois do sacrifício vem a ressurreição; depois do Calvário, o Pentecoste; depois da oração vem a bênção; depois das lágrimas, a alegria. Glória a Deus!

**5. Elias colocou a sua fé em evidência.** O verso 34, nos informa sobre esse procedimento de Elias, quando disse: "Enchei de água quatro cântaros e derramai-a sobre o holocausto e sobre a lenha. Disse ainda: Fazei-o segunda vez, e o fizeram. Disse mais: Fazei-o terceira vez, e o fizeram terceira vez. De maneira que a água corria ao redor do altar; ele encheu também de água o rego".

Elias propusera um desafio aos sacerdotes de Baal e do poste-ídolo, um número que totalizava 850 pessoas. Isto equivalia a desafiar as forças diabólicas que dominavam a nação. O rei Acabe e os seus grandes estavam presentes. Era a luta que não podia ser enfrentada com qualquer sombra de dúvida, e Elias tudo fez de modo a não deixar lugar para dúvidas e suposições. A água cobrindo o holocausto, embebendo a lenha, correndo no rego feito ao redor do altar, era o ambiente preparado pela fé para descer fogo do céu. O desafio era para que os sacerdotes de Baal e Elias, cada um por sua vez, preparasse um novilho para ser oferecido em holocausto, sem colocar fogo sobre a lenha; e então, cada grupo invocaria o seu Deus; e o Deus que respondesse por meio de fogo vindo do céu, para consumir o holocausto, esse seria o Deus a quem a nação iria seguir. Era um desafio próprio do Deus Todo-poderoso. Era o que os ídolos jamais poderiam fazer, mas os sacerdotes de Baal, acostumados a enganar o povo supersticioso, não podiam fugir, pois o povo já havia aclamado: "É boa esta palavra!".

Os sacerdotes de Baal, mesmo sem colocar água sobre o holocausto, já haviam cansado de clamar e invocar a Baal, pedindo-lhe que mandasse fogo do céu; mas como acontece com todos os ídolos mudos e mortos, Baal não respondeu e nem fogo algum desceu do céu; pois o Baal daqueles tempos, como os ídolos de hoje, são aqui da terra, e nada têm do céu. Depois de tudo pronto, quando esperavam apenas a resposta do Deus do céu, quando nada mais esperavam de Baal; Elias orou com fé no Deus Todo-poderoso, e a resposta veio — o fogo caiu do céu e consumiu tudo. Glória a Deus! Isto é avivamento. E avivamento implica mudanças substanciais, transformações radicais, enfim produz mudança de vida.

[1] Hebreus 10.31

[2] Atos 3.26; 2 Crônicas 7.14

[3] Isaías 58.2-4

[4] Atos 4.24-26

[5] 1 Samuel 17.45

[6] Atos 4.12; 10.43

[7] Lucas 9.23

[8] Salmos 16.11

# 7

# *Oração, Palavra e Avivamento*

*"Tenho ouvido, ó Senhor, as tuas declarações, e me sinto alarmado; aviva a tua obra, ó Senhor, no decorrer dos anos, e no decurso dos anos faze-a conhecida; na tua ira, lembra-te da misericórdia"*
(Hc 3.2)

Sobre esse controverso tema do avivamento, há um outro exemplo que merece a nossa consideração, ocorrido semelhantemente numa época de grave crise espiritual do povo de Deus. O profeta Habacuque, representante desse árduo tempo, igualmente entendia da necessidade de avivamento, não somente para a sua geração, mas para todas as épocas. Por isso ele orou para que Deus avivasse a sua obra no decorrer dos anos e a tornasse conhecida.

O povo andava esmorecido, e quando o povo esmorece na vida espiritual, enfraquece ou apostata, o avivamento é a única solução. Como acontece em todos os registros bíblicos e históricos, também neste trecho em destaque, nos dias do profeta Habacuque, o avivamento dependeu destes dois poderosos fatores — a Palavra de Deus e a oração. O profeta orou despertado pela palavra de Deus. Diz ele. "Tenho ouvido, ó Senhor, as tuas declarações, [palavra] e me sinto alarmado".

Por que o profeta ficou alarmado? Porque ouvindo a Palavra de Deus pôde observar a distância que o povo estava de Deus; o enorme contraste entre os preceitos divinos e a vida moral e espiritual do povo de Deus. É fato comprovado pela Bíblia e pela história que quando o povo negligencia a Palavra, fica como que em trevas e nem vê as tantas coisas em que tropeça. Torna-se insensível aos toques da consciência e surdo ao clamor dos que protestam contra o seu pecado. Foi isto que causou alarme ao profeta, quando encarou seriamente a Palavra de Deus. Viu o povo à beira do abismo, e então clamou a Deus em oração sábia, pedindo o seguinte:

**1. Avivamento.** A palavra avivamento significa avivar o que está morrendo, como reacender o fogo que está se apagando, o que era feito diariamente pelo sacerdote no Antigo Testamento. A ordem era: "O fogo arderá continuamente sobre o altar, não se apagará".[1]

**2. Avivamento duradouro.** É muito comum hoje se ouvir falar de culto de avivamento, noite de avivamento, e outras expressões genéricas. Tudo isso é bom, mas melhor é ter em mente que avivamento não é coisa de culto ou de alguma noite. Não era este o avivamento que o profeta pedia a Deus. Os que oram por avivamento devem saber o que estão pedindo, pois as empolgações de um culto, ou a real alegria de uma noite de vigília, não são o avivamento de que a Igreja precisa. Este tipo de avivamento não traz a solução para os problemas que estão causando alarme aos que mantêm os olhos fixos na Palavra de Deus. O profeta orou: "Aviva a tua obra, ó Senhor, no decorrer dos anos". Este é o correto modelo de oração para o povo de Deus hoje. Avivamento duradouro — no decorrer dos anos, por todas as gerações, até a vinda do Senhor Jesus.

**3. Avivamento notório.** O profeta orou para que o Senhor avivasse a sua obra no decorrer dos anos e no decurso dos anos a fizesse conhecida. O avivamento não precisa necessariamente ser propagandeado. Basta que ele exista de fato. Todos tomam conhecimento dele, pois através de suas características distintas, Deus o torna conhecido. Todos podem conhecer, pelos seus efeitos, quando o avivamento vem de Deus, pois traz a solução de todos os problemas de ordem moral e espiritual, traz vida com abundância, traz copiosos frutos que redundam em justiça e paz.

**4. Avivamento frutífero.** O verdadeiro avivamento, que é fruto do retorno à obediência à Palavra de Deus e da oração dos que o anseiam pelas bênçãos abundantes de Deus, tem os seguintes resultados:

Primeiro, a complacência de Deus. O profeta orou: "Na tua ira, lembra-te da misericórdia". A ira de Deus se manifesta contra o pecado, mas quando o povo volta a temer a Deus, a sua misericórdia se manifesta, pois Deus tem prazer na misericórdia.

Segundo, a manifestação do próprio Deus. Em forma de teofania, lemos: "Deus vem de Temã, e do monte de Parã vem o Senhor". Isto significa que avivamento é Deus presente no meio do seu povo, e isto acontece sempre que damos o devido lugar a Deus, banindo do seio da Igreja o que contraria a santidade de Deus.

Terceiro, a manifestação da glória de Deus. Esta bênção está descrita nestas palavras do texto: "A sua glória cobre os céus, e a terra se enche do seu louvor". A glória vem do céu, e o louvor sobe da terra. A glória envolve os homens, e o louvor sobe a Deus. Os que se comprazem a um avivamento de aparências, incitam o povo a dar glória a Deus. Mas quando o avivamento é real e a glória de Deus se manifesta, o louvor é espontâneo. Brota da alma movida pelo Espírito, cumprindo-se o que Jesus disse a respeito do Espírito Santo: "Ele me glorificará, porque há de receber do que é meu".[2]

Por último, traz iluminação e poder. Eis o que lemos. "O seu resplendor é como a luz, raios brilham de sua mão; e ali está velado o seu poder". O avivamento traz luz aos que estão nas trevas, e traz poder aos fracos, para se libertarem e realizarem a obra de Deus. Ore por um avivamento assim. Que a sua oração seja a mesma do profeta: "AVIVA A TUA OBRA, Ó SENHOR".

1 Levítico 6.13

2 João 16.14

# 8

# A Oração Eficaz e seus Objetivos

*"Ó Senhor, Deus de Abraão, de Isaque e de Israel, fique hoje sabido que tu és Deus em Israel, e que eu sou teu servo, e que segundo a tua palavra fiz todas estas coisas. Responde-me, Senhor, responde-me, para que este povo saiba que tu, Senhor, és Deus, e que a ti fizeste retroceder o coração deles"*
(1 Rs 18.36,37)

Toda oração eficaz tem os seus objetivos. Objetivos elevados. Objetivos sagrados que correspondem aos propósitos divinos. Quando oramos com interesses próprios e sem sentimentos espirituais próprios do Espírito Santo, fazemos alguma coisa semelhante a uma reza decorada. A oração que sobe a Deus é a oração que tem como objetivos, o que interessa ao céu. Orar não é brincadeira. Não é uma prática comum. A oração eficaz não pode levar consigo nenhuma pequena dose de irreverência e muito menos de sacrilégio. Quem ora, de fato, está diante da Suprema autoridade; está conversando com o Deus que conhece a tudo e a todos. O Deus que despreza os soberbos e os arrogantes, mas atende aos humildes de espírito e os quebrantados de coração.

Quais eram os objetivos expostos na oração de Elias? Havia nela alguma coisa que imitasse as centenas de sacerdotes dos ídolos? Vejamos, então, alguns aspectos de sua oração:

**1. Elias orou para que Deus fosse reconhecido como o único Deus e Salvador.** Diz o verso 36 do texto: "No devido tempo para se apresentar a oferta de manjares, aproximou-se o profeta Elias, e disse: Ó Senhor, Deus de Abraão, de Isaque... fique hoje sabido que tu és Deus em Israel".

No meio de tantos ídolos, o povo não sabia mais qual era o Deus de Israel. O ser humano é capaz das piores contradições no terreno espiritual. Muitos anos antes, Deus dissera por intermédio do profeta Isaías: "O boi conhece o seu possuidor, e o jumento o dono da sua manjedoura, mas Israel não tem conhecimento, o meu povo não entende".[1] Causa perplexidade considerar que o ser humano, embora possua um espírito provindo de Deus, é tão obscuro que é capaz de confundir o Deus Todo-poderoso, o Criador de todo este maravilhoso universo, com os ídolos a ponto de se apegar a eles, desprezando o verdadeiro Deus. Por isso Elias primeiro orou: "Fique sabido que tu és Deus em Israel".

**2. Elias orou para que o povo o reconhecesse como um servo de Deus, a seu serviço.** Ele disse: "Para que eles saibam que eu sou teu servo". Note que a oração de Elias não objetivava mostrar que era um grande profeta. Felizes seremos nós, se todos os homens reconhecerem que somos de fato servos de Deus. É quando nos colocamos no lugar de servos que Deus pode nos usar, e assim podemos fazer e executar o serviço do nosso Senhor. O próprio Jesus foi chamado "o Servo do Senhor".

Os que querem a manifestação do poder de Deus para serem aplaudidos pelo povo, e não são poucos hoje em dia, revelam a sua pequenez e estão a caminho da queda. É o servo que o Senhor usa. Mas alguns querem usar o Senhor em busca dos aplausos e da glória dos homens.

**3. Elias orou para que o povo reconhecesse que ele estava agindo segundo a Palavra de Deus.** Que eles saibam que "segundo a tua palavra eu fiz todas estas coisas". Equivalia reconhecer que o profeta estava autorizado a proceder daquela maneira. E não há dúvida que é a maior segurança do pregador, falar e agir segundo a infalível Palavra de Deus, pois o Senhor vela pela sua Palavra para cumpri-la e a Palavra de Deus não voltará vazia, mas fará aquilo para o que foi enviada. Se segundo a Palavra pregamos a salvação, o Senhor salva. Se pregamos a cura divina, ela acontece; se pregamos o batismo no Espírito Santo, este dom maravilhoso se manifesta. A Palavra do Senhor é fiel e permanece para sempre.

**4. A oração de Elias objetivava revelar que Deus estava interessado no retorno do povo para Ele.** "Para que este povo o saiba que tu, Senhor, és Deus, e que a ti fizeste retroceder o coração deles". Elias não estava desejando que o aplaudissem, vendo o fogo devorar o holocausto, a lenha e lamber a água do rego, mas que eles se voltassem para Deus. A oração eficaz sobe ao céu despida de vanglória e egoísmo. Oremos para que caia fogo do céu, para que o nosso povo se volte para Deus. Portanto, desafie a si mesmo para orar, e que a sua oração seja eficaz como a do profeta!

[1] Isaías 1.3

# 9

# Efeitos da Oração Eficaz

*"Então caiu fogo do Senhor, e consumiu o holocausto, e a lenha, e as pedras, e a terra, e ainda lambeu a água que estava no rego. O que vendo todo o povo, caíram de rosto em terra, e disseram: O Senhor é Deus! O Senhor é Deus!"*
(1 Rs 18.38,39)

Elias elevou ao céu uma oração assinalada de objetivos segundo a vontade de Deus, os quais constituem a causa eficiente do avivamento, e isto, por sua vez, gerou os seguintes efeitos:

**1. Caiu fogo do Senhor.** Aconteceu o que os inimigos de Elias temiam que acontecesse. Esperavam em vão que Baal fizesse alguma coisa. As dúvidas foram vencidas, a fé de Elias foi confirmada, a Palavra de Deus foi honrada, a vitória de Elias foi selada, as hostes infernais foram desbaratadas e o poder de Deus dominou tudo. A vitória está sempre com os que oram com fé, mantêm comunhão com Deus e confiam na sua Palavra, embora represente minoria.

**2. O povo caiu com o rosto em terra.** É o que lemos que o povo clamava: "O Senhor é Deus! O Senhor é Deus!" A descida do fogo do céu tem constituído uma tônica na história do trato de Deus com os seus servos fiéis e tem contribuído para o retorno dos homens desviados dos seus caminhos. Assim como depois do sacrifício feito por Elias desceu fogo do Senhor, também depois do sacrifício de Jesus no Calvário, desceu o fogo do Espírito Santo no dia de Pentecostes. As manifestações sobrenaturais de Deus têm sido recursos divinos para despertar as consciências adormecidas e os corações endurecidos.

À semelhança dos dias de Elias, no dia de Pentecostes, após a manifestação poderosa do Espírito Santo, o povo rendeu-se diante de Deus. Diante das evidências visíveis do poder do Espírito Santo sobre os cento e vinte no Cenáculo, a multidão perguntou: "O que quer isto dizer?". A resposta foi o poderoso sermão do apóstolo Pedro, pelo qual outra pergunta foi apresentada: "O que faremos, irmãos?". E a resposta foi: "Arrependei-vos, e cada um de vós seja batizado em nome do Senhor para a remissão dos vossos pecados, e recebereis o dom do Espírito Santo".[1] E cerca de três mil pessoas se converteram ao Senhor Jesus. Mas não esqueça de que atrás de todos esses acontecimentos sobrenaturais esteve sempre a oração eficaz. Esteve alguém que com fé clamou ao céu, implorou a misericórdia de Deus para mudar a vida do povo desenfreado. Há, portanto, grande necessidade de quem clame ao céu, para que o fogo de Deus se manifeste derretendo os corações empedernidos. Quando o óleo não dá jeito, só o fogo resolve!

**3. Os falsos profetas foram derrotados.** O próprio povo, até então iludido, se levantou em massa contra os falsos profetas, que foram executados, por conta dos milhares de almas que haviam transtornado e encaminhado para o inferno. Isto indica que, inevitavelmente se cumprirá a sentença divina: "Não vos enganeis: de Deus não se zomba; pois aquilo que o homem semear, isso também ceifará".[2] A segurança, a vitória final estará sempre com os que sincera e fielmente lutam por Deus e sua bendita causa.

Outra grande lição aprendemos aqui. Os prováveis e visíveis efeitos da oração evidenciam sua eficácia. E mais: as manifestações do poder de Deus atingem diretamente as pessoas; buscam alcançar vidas e libertá-las. Os que oram desejando e esperando ver grandes coisas, devem esperar que o mais importante aconteça nas suas vidas. Porque, se oramos, de fato, tornamo-nos canais de bênçãos de Deus para os nossos semelhantes, mas essas bênçãos chegam a nós antes de passarem a outros. Tudo isto ilustra a sentença bíblica: "Muito pode, por sua eficácia, a súplica do justo".[3] Tome ainda hoje a decisão de ser também um destes que buscam a solução através da oração.

[1] Atos 2.12-37

[2] Gálatas 6.7

[3] Tiago 5.16

# 10

# Regras Bíblicas para a Oração Eficaz

*"Ah! Senhor, Deus dos céus, Deus grande e temível!... estejam, pois, atentos os teus ouvidos, e os teus olhos abertos, para acudires à oração do teu servo, que hoje faço na tua presença, dia e noite, pelos filhos de Israel, teus servos"*
(Ne 1.5,6)

Observe que todo este capítulo do livro de Neemias é composto de detalhes que constituem autênticas regras para a oração eficaz. O que foi um poderoso fator de um avivamento pleno de benefícios para o povo de Deus, no passado, tem se tornado uma fonte de preciosos ensinos quanto à oração eficaz, que são também base para um avivamento que queremos para os nossos dias. No coração de Neemias, vemos não somente o desejo de orar, mas também o desejo de externar sentimentos tão nobres, que o animou a ter essa atitude para obter os resultados que alcançou. Vamos apreciar mais detalhadamente essas sublimes regras:

**1. Interesse pela causa.** No verso 2, lemos: "Veio Hanani, um dos meus irmãos, com alguns de Judá; então lhes perguntei pelos judeus que escaparam, e que não foram levados para o exílio, e acerca de Jerusalém".

Conforme o verso 11, Neemias estava na corte, no palácio real, e trabalhava como copeiro do rei. Estava numa posição privilegiada e cheia de conforto. Estava na posição em que muitos não oram e não se lembram e nem se incomodam com as necessidades alheias, pois o descuido e o indiferentismo, com raras exceções, são características dos privilegiados.

**2. Neemias orava por uma causa que não se apartava da sua alma.** A miséria dos seus irmãos e a ruína de Jerusalém lhe causavam mais preocupação e mais tristeza do que o prazer dos privilégios e do conforto que vivia. Quem ama a causa divina, e só quem ama, pode orar por ela de modo eficaz. A oração que leva a Deus o anseio nobre de quem intercede, o interesse por alguém que sofre.

O coração de Neemias o moveu a orar de modo especial quando foi ferido pela notícia triste que lhe trouxeram seus irmãos: "Os restantes, que não foram levados para o exílio e se acham lá na província, estão em grande miséria e desprezo; os muros de Jerusalém estão derribados, e as suas portas queimadas a fogo". Os seus irmãos eram o povo de Deus, os filhos da promessa; e Jerusalém era a sede do culto, o único em todo o mundo que era dirigido ao Deus verdadeiro; culto estabelecido pelo Deus de Abraão, Isaque e Jacó.

**3. Decisão de enfrentar a situação adversa em nome do Senhor.** Há coisas que permitem que se dê tempo ao tempo, há outras, quando vidas estão em perigo, que não nos permitem protelar. Há casos que não admitem relutância, pois há circunstâncias de tal modo desafiantes, que temos de decidir — agora ou nunca! Da primeira parte do verso 4, concluímos que Neemias refletiu, sentiu profundamente a situação em que se encontrava o seu povo na cidade assolada de Jerusalém. Para todo homem de Deus, deve chegar a hora de pensar e de sentir como Deus sente e, só assim podemos agir como Deus age. Isso acontece com mais freqüência, quando o conflito e os privilégios não geram o comodismo e o indiferentismo que, quais espinheiros, sufocam a plantação de Deus em nosso coração e a tornam infrutífera. O exemplo de Neemias é uma severa reprovação aos que hoje vivem em busca de posições, de conforto e de riquezas e não são capazes de enfrentar o menor sacrifício pela causa eterna, objeto da missão divina que lhes foi confiada.

É tempo de refletir; é tempo de despertar, igualmente, o sentimento nobre de amor pela causa de Deus para o qual os céus atentam com interesse.

**4. Oração e jejum.** No verso 4, lemos: "Estive jejuando e orando". Oração e jejum assinalam as decisões de muitos servos de Deus, em numerosas ocasiões, em diferentes situações importantes na história do povo de Deus, através dos séculos e milênios. Jejum não é algo que se faça para merecer as bênçãos de Deus, mas é o meio adequado para a própria humilhação, e é também um acertado exercício espiritual para conseguir estar em espírito diante de Deus e alcançar misericórdia para ser atendido. O jejum não é um meio para despojar Deus de alguma coisa, absolutamente. Ao contrário, jejuar é despojar-se de si mesmo para ter mais da presença de Deus.

O exercício do jejum é algo que está em esquecimento hoje; no entanto, é regra segura para a oração eficaz. Que Deus nos ajude a compreender isto!

**5. Persistência diante de Deus.** Ainda no verso 4, lemos: "Estive diante do Deus dos céus". Observe esta posição e você poderá ver a importância desta regra para a oração eficaz. Não é eficaz e não é oração aquela na qual não chegamos à presença de Deus.

É quando podemos sofrer com os sofrimentos alheios e podemos gemer com a dor do nosso semelhante, que somos encorajados ao sacrifício e a vencer os obstáculos para chegarmos à presença de Deus, e é quando chegamos a doce presença de Deus, quando a alegria de sua presença nos envolve, quando é ampliada a nossa visão das riquezas da glória divina, que a vida espiritual se torna para nós uma realidade, incomparavelmente mais valorosa do que os melhores momentos da vida presente.

É quando a nossa fé tem valor que a nossa esperança é avivada, os nossos defeitos são detestados por nós mesmos, os nossos sentimentos são enobrecidos e a nossa alma é constrangida a tributar a Deus o mais sincero louvor e a mais profunda gratidão. É quando demoramos na presença de Deus que podemos nos aperceber da sua infinita bondade, e é quando somos animados a não aceitar qualquer derrota. É quando demoramos na presença de Deus que podemos dizer: "Tudo posso naquele que me fortalece". É quando somos encorajados a dizer: "Quem nos separará do amor de Cristo? Será a tribulação, ou a angústia, ou a perseguição, ou a fome, ou a nudez, ou o perigo, ou a espada?". E também: "Em todas estas coisas somos mais que vencedores por aquele que nos amou".[1]

Foi quando Jacó permaneceu a noite inteira diante de Deus, que foi constrangido a confessar e foi também quando o Senhor mudou o seu nome para Israel, um homem de novas atitudes, e foi quando tornou-se capaz de se curvar sete vezes até poder abraçar o seu irmão Esaú e acabar com a inimizade existente entre eles.

Quero, portanto, desafiar você a que não ore por mero costume. Acostume-se, sim, a chegar sempre à presença de Deus, orando com todo o seu ser e com uma alma devotada. Sem isto a sua oração será ineficaz.

**6. Reconhecimento do senhorio de Deus.** Ao orarmos devemos reconhecer que, conquanto Deus seja o maior amigo e melhor Pai, é também o Senhor; Senhor dos senhores. O reconhecimento do senhorio de Deus, tanto inspira fé, como cria temor. O temor que não é sinônimo de medo e, sim, de respeito, reverência e profunda consciência do dever da obediência que nós, os mortais, devemos à Suprema Autoridade. Enquanto os que vivem escravizados ao pecado não temem ofender a Deus, pecando e praticando toda sorte de imoralidade, os que reconhecem o senhorio de Deus, o temem, evitando a prática das coisas detestáveis aos olhos do Soberano Senhor. Estes, no entanto, podem se aproximar de Deus, como diz a Escritura, com inteira certeza de fé; podem com inteira confiança apelar para a sua bondade paternal, e aguardam sem temor o dia em que hão de comparecer à sua presença, ao findar esta vida. Aos que não têm medo de pecar contra Deus, não se aproximam dEle em oração e vivem assombrados na perspectiva do comparecimento perante o justo juízo de Deus, Paulo adverte: "Deus é o Senhor de todos"; e Jesus reprova os insubordinados: "Por que me chamais, Senhor, Senhor, e não fazeis o que vos mando?".[2]

A oração eficaz expressa o nosso reconhecimento de Deus como Pai, para confiar nEle; como protetor infalível para depender dEle e o soberano Senhor para prestar-lhe toda a reverente adoração. O que se pode dizer dos que dizem estar orando e se portam despercebida e irreverentemente? Estão perdendo o seu tempo e perdendo a bênção. Esta não é a oração eficaz. Procure, portanto, evitar isto!

**7. Reconhecimento de grandeza de Deus.** Neemias orou: "Deus grande e temível". Quando não chegamos à presença de Deus em oração, parece-nos que grandes são as dificuldades, as circunstâncias embaraçosas. Parece-nos que temível é a adversidade e o mal que nos ameaça.

A consciência da grandeza de Deus é o grande motivo de segurança dos que dEle se aproximam. Esses podem dizer, semelhantemente ao salmista: "Deus é o nosso refúgio e fortaleza, socorro bem presente nas tribulações. Portanto não temeremos ainda que a terra se transtorne, e os montes se abalem no seio dos mares". Consciência da grandeza de Deus é própria de quem, em oração chega à presença de Deus e leva a admitir a veracidade do que disse o Senhor Jesus: "Para Deus tudo é possível".[3]

Foi essa consciência da grandeza de Deus que encorajou Moisés a enfrentar Faraó e seus exércitos. Que animou Davi a desafiar o gigante Golias. Que predispôs aos três jovens hebreus a não se renderem perante a soberba do poderoso rei Nabucodonosor, sem temerem a fornalha ardente, aquecida sete vezes mais, pois criam que o infalível quarto homem estaria com eles para livrá-los do poder das chamas. Foi esta benfazeja consciência da grandeza de Deus que inspirou Daniel a não alterar o seu costume de orar três vezes ao dia e dar graças diante do Deus dos céus, sem temer a fúria dos leões, que não tiveram poder de causar-lhe nenhum arranhão. É esta bendita consciência da grandeza de Deus que tem encorajado homens e mulheres, moços e moças a enfrentar e vencer o Diabo, o mundo e a carne, na certeza de conquistarem o céu. Tudo isso pode acontecer, quando nós reconhecemos que somos demasiadamente pequenos — grande é o Senhor da criação.

**8. Confiança na fidelidade e na misericórdia de Deus.** "Que guardas a aliança e a misericórdia". Quem ora eficazmente não pode esquecer que Deus tem aliança com o seu povo. No Antigo Testamento Deus fez aliança com Adão, com Noé, com Abraão, Isaque e Jacó, e com Davi. Todas essas alianças, em que Deus se comprometia a preservar a descendência desses homens, com vista à salvação do mundo, eram seladas pelo sangue de animais inocentes, e tudo era símbolo da aliança superior, a aliança eterna, que seria estabelecida através de Jesus Cristo. Esta aliança foi feita e foi selada com o precioso sangue de Cristo.

Quem ora, para que ore com fé, não deve esquecer que esta aliança está firme. Para ela Deus se interpôs com juramento. Deus tem uma aliança conosco, de ter-nos como seu povo e de ser Ele o nosso Deus. Esta aliança não será condicionada aos nossos merecimentos, mas às suas misericórdias, invocadas por Neemias na sua oração. As suas misericórdias, que se renovam a cada dia, são a causa de não sermos consumidos. Só no Salmo 136 está dito 26 vezes: "A sua misericórdia dura para sempre". Glória a Deus!

Se você ora considerando tudo isto que é, tem sido e está sendo para você, a sua fé aumenta e sua oração será eficaz.

**9. Confiança condicionada à obediência.** Neemias disse que Deus guarda a aliança e a misericórdia para com os "que o temem e guardam os seus mandamentos". Se queremos que Deus nos atenda quando oramos, por que não lhe atendermos quando Ele ordena? Ele é a suprema autoridade. Nós dependemos dEle para tudo. A nossa desobediência desagrada a Deus; a nossa obediência, por outro lado, nos beneficia. É pela obediência que nos colocamos na posição de filhos.

Escrevendo aos coríntios, Paulo demonstra como Deus previne ao seu povo: "Não vos ponhais em jugo desigual com os incrédulos". Ele urge para que se evite a injustiça, a iniqüidade de qualquer forma, e conclui: "Retirai-vos do meio deles, separai-vos, diz o Senhor; não toqueis em coisas impuras, e eu vos receberei, serei vosso Pai, e vós sereis para mim filhos e filhas, diz o Senhor Todo-poderoso".[4] A oração do desobediente pode demorar em ser respondida até que ele se arrependa e se converta.

**10. Orar acreditando em Deus presente.** Neemias suplicava: "Estejam atentos os teus ouvidos e os teus olhos abertos para acudirdes a oração do teu servo". Deus é onipresente. Tanto o encontramos no céu, como na terra, bem perto de nós. A falta de comunhão com Deus pode levar a pessoa a orar como a um Deus muito longe; lá nos altos céus, muito distante! Neemias pedia que o seu Deus atentasse para ouvir a sua oração e olhasse para ver as coisas sérias de que ele falava. Com isto dava a entender que aquela causa interessava ao céu. A oração eficaz não pode se apartar destes princípios.

Temos que apresentar a Deus a nossa preocupação com coisas importantes, em relação ao próximo e em relação a Deus. Deus ouve a oração de quem se interessa pelos outros, Deus olha com simpatia para as nossas necessidades e para os justos anseios da nossa alma. Glória ao seu bendito nome!

**11. A batalha da oração — dia e noite.** Neemias orou: "Ouve a oração do teu servo, que hoje faço à tua presença, dia e noite". A oração eficaz não se prende ao comodismo, não se poupa do sacrifício, não desanima, não desiste, não aceita alternativas, não se limita às boas ocasiões, não superestima a comida e o repouso, continua dia e noite, persiste, com firmeza de propósito, com uma esperança segura: Deus resolverá o problema, a bênção virá, a vitória será alcançada e Deus será glorificado mais uma vez. É neste sentido esta recomendação divina: "Invoca-me no dia da angústia: eu te livrarei, e tu me glorificarás".[5] Quem luta deve ter um propósito — vencer. Com dubiedade de propósito, ninguém ora de modo eficaz. À medida que demoramos, que persistimos em oração, nossa fé se fortalece, penetramos mais e mais nos tesouros da graça de Deus e nos aproximamos mais da vitória, que é certa. Deus não falha. Deus atende a oração eficaz.

**12. O objeto da oração.** Neemias não enfrentava problema de ordem pessoal. Estava muito bem. Mas era como disse ao rei, quando observou que ele estava triste: "Como não me estaria triste o rosto se a cidade, onde estão os sepulcros de meus pais, está assolada e tem as portas consumidas pelo fogo?".

Se orarmos só pelas nossas necessidades, na melhor das hipóteses, somos apenas egoístas, uma qualidade dos perdidos.

A oração de Neemias era "pelos filhos de Israel, teus servos", e é uma maneira eficaz de orar. Representa também um vasto campo para a oração, que demanda tempo e muita disposição. Os que nunca se demoram em oração, não oram bem e não revelam amor nem por si mesmos. Não sentem o gozo da presença de Deus, não têm visão e nem se compadecem das necessidades alheias. Quais são as recomendações divinas neste sentido? Quais as necessidades? Às vezes podem estar em nossa casa, às vezes em nossa pátria e outras tantas em todo o mundo. Observemos algumas delas:

Primeiro, por nossa casa. Nas lamentações de Jeremias temos uma resposta: "Levanta-te, clama de noite nos princípios das vigílias; derrama o teu coração como água perante o Senhor; levanta a ele as tuas mãos, pela vida de teus filhinhos, que desfalecem de fome à entrada de todas as ruas".[6] Será que em sua casa há "filhinhos" com fome ao menos do pão do céu? Será que alguns dos seus filhinhos estão desfalecendo pelas ruas?

Lembre-se de que estamos estudando o objeto da oração eficaz, que é a oração de quem se incomoda com os sofrimentos alheios. Pense na situação dos seus filhinhos. Se estão numa boa situação, agradeça a Deus. Se estão correndo perigo, então clame ao céu. Demonstre diante de Deus o seu amor por eles. Pense no seu encontro com Deus e faça a pergunta de Judá: "Como irei ter com meu pai, se o rapaz não for comigo?". Faça disto o objetivo de suas orações!

Segundo, por nossa pátria. Há preceito bíblico neste sentido. Quando Paulo escreve a Timóteo, ele orienta o seguinte: "Antes de tudo, pois, exorto que se use a prática de súplica, orações, intercessões, ações de graças, em favor de todos os homens; em favor dos reis e de todos os que se acham investidos de autoridade".[7]

Note a segunda parte do texto — súplicas, orações, intercessões, em favor dos reis e de todos os que estão investidos de autoridade. A pátria está dependendo desses homens. Nós também dependemos deles, de algum modo. Não seja mais um dos que os criticam desrespeitosamente. Ore por eles, para que Deus os ilumine, quanto ao dever para com os seus governados e para com Deus quanto à salvação de suas almas. Eles também deveriam ser objeto da sua oração.

Terceiro, por todas as pessoas. Observe que devemos fazer também orações, súplicas e intercessões por todos os homens. Além das autoridades, os nossos vizinhos, os nossos conterrâneos, os nossos compatriotas, os milhões que estão escravizados a tantos tipos de imoralidade, de vícios e pecados. Estão a caminho da perdição eterna, estão à beira do abismo. Ore por eles. Ore também pelas crianças, principalmente pelas crianças infelizes desde a concepção, aquelas que nunca tiveram o amor de ninguém. Ore por aqueles jovens que, ao invés de serem a esperança, são a preocupação da família, das autoridades e uma terrível ameaça ao futuro da nação. Faça como Neemias: compareça diante de Deus por eles. Ore. Siga mais esta regra da oração eficaz!

**13. Reflexão e confissão de pecados.** Ainda no versículo 6 do capítulo em estudo, temos mais uma regra para a oração eficaz. Refletir é o procedimento que se usa para inteirar-se da situação real diante de Deus. Como quem olha para dentro para ver o próprio interior. Esta é uma necessidade muito freqüente das pessoas para com Deus. Temos exemplo disto no salmista Davi, que orou: "Sonda-me, ó Deus, e conhece o meu coração: prova-me e conhece os meus pensamentos; vê se há em mim algum caminho mau, e guia-me pelo caminho eterno". Em outro salmo, lemos: "Se eu atender à iniqüidade no meu coração, o Senhor não me ouvirá".[8] E, como já tratado anteriormente, a oração do desobediente é abominável diante do Senhor.

Se você reflete e reconhece que a sua situação espiritual não é boa diante de Deus, o inimigo poderá tentar persuadi-lo a deixar de orar. É isto exatamente o que ele quer. A desobediência gera dúvida, produz desânimo, endurece o coração, conduz à rebelião e termina em desespero. Neste ponto a pessoa pode trocar a oração pela murmuração, a fé pela descrença e a vida pela morte.

A regra divina, a regra bíblica é: Reflita. O erro não está em Deus. Deve estar em nós. O seu erro pode prejudicar as outras pessoas, mas você será o mais prejudicado. Se você não tem força para orar, aperceba-se de que, mais do que nunca, você está precisando orar. Tome uma decisão acertada e segura. Veja o que está errado em você e nas suas relações com Deus, e lance isso para fora de sua vida. Deteste o seu erro como os outros o estão detestando, invoque o auxílio do Espírito Santo de Deus e retorne à oração; liberte-se do seu erro, triunfe sobre as suas dificuldades, prossiga avante, aproprie-se da plenitude da graça do Senhor Jesus Cristo e tome posse da vida eterna. Reflita, confesse, ore e vença, com Jesus.

**14. Identificação com os culpados, pela humildade.** Neemias orou: "Faço confissão pelos filhos de Israel, que temos cometido contra ti...". A atitude do intercessor identificar-se com o pecador, faz parte dos sentimentos do Senhor Jesus, a respeito do qual foi feita esta predição vários séculos antes de seu nascimento: "As injúrias do que te ultrajam caem sobre mim".[9] Jesus tomou sobre si, na cruz, os pecados de um mundo criminoso. A sua morte foi uma morte propiciatória, isto é, substituta; Ele substituiu-nos na condenação que nos era cabível. Neemias, no espírito de intercessão, tomou o lugar dos culpados, mesmo porque pareceria insolência se ele orasse dessa forma: Eles pecaram, o teu povo pecou! O que Neemias fez, outros igualmente fizeram. Note bem: ele só procedeu assim porque estava em boa condição diante de Deus. De fato, quem está em boa condição é quem ajuda os outros.

À semelhança de Neemias, Moisés também orou pelos filhos de Israel, no auge de suas desobediências: "Agora, pois, perdoa-lhe o pecado: ou, se não, risca-me, peço-te, do livro que escreveste". Daniel também orou, colocando-se no lugar dos culpados, para obter misericórdia para eles: "Temos pecado e cometido iniqüidades, procedemos perversamente, e fomos rebeldes, apartando-nos dos teus mandamentos e dos teus juízos... Ao Senhor, nosso Deus, pertence a misericórdia, e o perdão...".[10] Esta oração é bem diferente daquela do fariseu que orava de si para si mesmo e buscava apenas ser glorificado pelos homens. Dessa forma, procure orar, interceder, pedir e suplicar pelos que precisam de ajuda.

**15. Reivindicação das palavras de Deus.** Muitas vezes, na Bíblia, a oração é chamada de petição, que significa pedido fundamentado na lei e no direito. A Palavra de Deus é para nós, e deve ser, lei, e a lei maior. Ela nos impõe deveres, mas também nos assegura direitos. Nos versos 8 e 9, do capítulo 1 de Neemias, lemos como parte da sua oração: "Lembra-te da palavra que ordenaste a Moisés teu servo, dizendo: Se transgredirdes, eu vos espalharei por entre os povos; mas se vos converterdes a mim e guardardes os meus mandamentos, e os cumprirdes, então, ainda que os vossos rejeitados estejam pelas extremidades do céu, de lá os ajuntarei e os trarei para o lugar que tenho escolhido para ali fazer habitar o meu nome".

Na oração, Deus nos dá direitos de reivindicarmos as promessas através das quais se tem empenhado para com aqueles que temem o seu nome e guardam os seus preceitos. E quantas são essas promessas nas quais podemos nos firmar para orarmos com fé e alcançarmos as bênçãos prometidas? O homem que conhece as leis do seu país, conhece os seus direitos e deveres. É isto que também acontece com os que conhecem a lei divina. Sabem o que evitar e o que pleitear. Conhecem o que Deus proíbe e o que Deus promete, e sabem que o que Deus promete é o princípio básico para a fé que nos encoraja a apropriar-nos das suas bênçãos.

Conhecer as promessas de Deus é a necessidade de todos os homens e reivindicar as suas promessas é uma das regras da oração eficaz, isto é, saber orar como convém.

Abraão, quando intercedia por Ló e pelas cidades de Sodoma e Gomorra, de tal modo argumentou, reivindicou as promessas de Deus, que disse: "Não fará justiça o Juiz de toda a terra?". Deus é justo, tanto em condenar a maldade do homem, como em cumprir as suas promessas. O apóstolo Pedro, em sua segunda carta, fala das "preciosas e mui grandes promessas de Deus".[11] Como conhecer essas mui grandes promessas? Elas estão armazenadas na Bíblia, o Santo Livro de Deus. Não conhecer a Bíblia é desconhecer as suas promessas, é ter estreitíssima visão das riquezas de Deus, é habilitar-se para ter uma fé raquítica, é limitar-se distante das bênçãos. É pena que isto acontece com muitos cristãos na atualidade.

**16. Otimismo e esperança.** Quem conhece as promessas de Deus e as reivindica em oração não deixa de orar com otimismo. O pessimismo é filho da incredulidade. Neemias orou pelos judeus em miséria: "Estes ainda são teus servos e o teu povo que resgataste com teu grande poder, e com tua mão poderosa". O povo falhou em cumprir os mandamentos do Eterno, mas Deus não falharia em cumprir as suas promessas. A oração de Neemias foi bem parecida com a de Daniel: "Inclina, ó Deus meu, os teus ouvidos, e ouve; abre os teus olhos e olha para a nossa desolação... porque não lançamos as nossas súplicas perante a tua face fiados em nossas justiças, mas em tuas muitas misericórdias".[12]

A oração eficaz não se faz acompanhar do pessimismo; é otimista não porque a pessoa confie nos próprios méritos, mas nas misericórdias de Deus.

Portanto, seja qual for a sua condição, não desanime, não desista jamais. Lembre-se das misericórdias de Deus e peça o seu socorro e Deus lhe conduzirá à vitória.

**17. A confiança pessoal de quem ora.** A fé natural e insuficiente. A fé que nos abre as portas do tesouro inesgotável da graça de Deus é resultado da Palavra de Deus, e nela tem apoio seguro. Estudemos agora por que este ponto é importante:

Neemias suplicava: "Ah! Senhor, estejam, pois, atentos os teus ouvidos à oração de teu servo".

Todos devem saber que o senso de culpa e a consciência do pecado levam a pessoa a desesperar da misericórdia de Deus. Ao contrário, a consciência de que estamos vivendo segundo a Palavra de Deus nos dá condição de confiar. O apóstolo do amor, João, escreveu: "Amados, se o coração não nos acusar, temos confiança diante de Deus". A confiança pessoal de quem ora, não é a mesma coisa que autoconfiança. É a confiança de quem é animado pelo Espírito Santo a confiar em Deus. O apóstolo Paulo afirmou categoricamente: "O próprio Espírito testifica com o nosso espírito que somos filhos de Deus. Ora, se somos filhos, somos também herdeiros, herdeiros de Deus e co-herdeiros com Cristo".[13]

Estas expressões bíblicas são fatores poderosos de confiança em Deus — o nosso coração não nos acusa, e o Espírito de Deus dá testemunho com o nosso espírito de sermos filhos de Deus. Estas palavras indicam a posição correta a ser ocupada pelo crente, em relação a Deus, como motivo para uma confiança que não admite pessimismo.

**18. Esperança de restauração do povo.** Neemias demonstrava esperança, numa situação desesperadora, e por isso dizia: "Ouve a oração dos teus servos que se agradam de temer o teu nome". A oração eficaz fortalece a fé, alimenta a esperança e não se limita às circunstâncias. É esta certamente a razão por que a Escritura diz que Abraão creu contra a esperança, pois creu que Sara, com noventa anos, ainda lhe daria um filho.[14] Creu simplesmente porque Deus havia prometido, a propósito do que também lemos, que Ele é fiel e justo para cumprir o que prometeu.

A esperança que sempre acompanha a oração eficaz é também resultado das boas relações com Deus. Deus amava o povo, Israel, como ainda hoje ama, mesmo vivendo este povo em desobediência. Neemias sabia disso e orava com viva esperança de poder fazer alguma coisa pelo povo sofredor. Quem não ora, duvida, desanima, aceita a derrota, pode ser indiferente à miséria alheia. Mas quem ora pode vislumbrar as bênçãos de Deus aos necessitados, mesmo nas circunstâncias mais adversas. A história está cheia de inspiradores exemplos de grandes libertações operadas pelo Senhor Deus em atenção às orações de homens e mulheres sinceros que ousaram deter-se diante dEle e clamaram ao céu.

A época em que vivemos é, em si, um desafio àqueles que crêem em Deus e se incomodam com a situação em que vivem os homens dos nossos dias, numa perspectiva assustadora, quando se pode ver as criaturas, nas diferentes faixas etárias assediadas por todos os tipos de males de ordem social, moral e familiar. Quando vemos a humanidade como que motivada, insuflada e impelida por forças diabólicas empenhadas em mergulhar a todos no lamaçal de imoralidade, oculto sob o falso conceito de prazer, que nada mais é do que prazer carnal, imundo e pervertedor, que é a pavimentação do amplo caminho para o inferno. Grandes celebridades estão a serviço do príncipe das trevas neste pleito diabólico. Faça disto motivo de oração, com esperança de que Deus pode mudar, inclusive, a história.

**19. Ação no tempo oportuno.** Para os que não oram de modo eficaz, o tempo passa parecendo serem todos os dias iguais e os homens, como se a marchar sem se preocupar para onde estão indo, sem se aperceberem do fim que lhes aguarda. Quem ora possui visão correta das coisas e tem perspectivas animadoras, conhece o tempo de Deus e age no tempo oportuno. Neemias não somente se entristeceu quando soube da triste situação do seu povo, mas orou com propósito de agir no tempo de Deus. Eis a sua oração a Deus: "Concede que seja bem-sucedido hoje o teu servo". Tinha o dia marcado para iniciar o empreendimento que iria resultar em dias melhores e mais esperançosos para o seu povo sofredor.

A oração eficaz e a ação decisiva no tempo oportuno sempre andam juntas. Ninguém tem o direito de orar e cruzar os braços esperando que Deus faça tudo. Deus sempre faz o que nós não podemos fazer, mas espera e determina que façamos a nossa parte, já que somos criados à imagem de Deus, conforme a sua semelhança. Isto explica o fato incontestável de que o ser humano tem poder criador, abaixo de Deus.

Orar para Jesus salvar e não evangelizar, não pregar a salvação, é incoerência. Orar pelos necessitados e negar-se a ajudá-los, estando isto ao alcance, é hipocrisia. Orar para fazermos alguma coisa e crer que qualquer tempo é tempo, é ignorância, pois qualquer dia é tempo de Deus, mas nosso tempo é hoje. Por isso Neemias orou a Deus: "Concede que seja bem-sucedido hoje". Deus havia preparado tudo para aquele dia. Era o tempo oportuno para agir.

Feliz é o homem de Deus que ora e sabe o dia certo de agir em nome do Senhor. Neste sentido há muitos exemplos na Bíblia. A maneira como Mardoqueu e Ester agiram no caso de Hamã, em relação ao povo judeu ameaçado de morte, temos uma figura que bem ilustra este assunto. Quando a rainha Ester soube do mal que estava determinado para o seu povo, julgou impossível fazer alguma coisa, visto que durante aquele mês não fora chamada a encontrar-se com o rei. Mardoqueu, porém, não aceitou essa desculpa. Respondeu Ester: "Não imagines que, por estares na casa do rei, só tu escaparás entre todos os judeus... Quem sabe se para tal conjuntura como esta é que foste elevada a rainha?".[15]

Mardoqueu agiu na hora certa! E Ester? Depois de três dias de jejum e oração, ela foi ter com o rei. Foi bem recebida, mas não fez denúncia alguma contra Hamã. Convidou o rei e Hamã para um banquete em sua casa. No primeiro dia do banquete também não falou do grande problema que lhe afligia. Convidou-os para um segundo banquete, tendo que suportar mais um dia do seu grande inimigo e do seu povo, mas no dia oportuno, na hora de Deus, expôs ao rei Assuero o melindroso problema.

Deus tudo havia preparado para aquela hora. Os que conhecem o livro de Ester sabem o que aconteceu na noite que antecedeu àquele banquete. Sabem que naquele dia Mardoqueu fora identificado como o homem que salvou a vida do rei; sabem como a cena foi invertida. O rei Assuero atendeu o pedido de Ester em favor do seu povo. Hamã, que tramara a morte dos judeus, foi enforcado. Mardoqueu assumiu o alto cargo que este exercia, e ao povo judeu foi assegurado o direito de sobrevivência. A arrogância de Hamã acabou. A tristeza dos judeus transformou-se em alegria. Este foi mais um resultado da oração eficaz, seguida da ação no tempo oportuno. Aprenda mais esta lição. Ore. Ore e aja no tempo oportuno e Deus lhe dará a vitória. Assim seja!

**20. Confiança na interferência de Deus.** Neemias não somente orou de modo eficaz e agiu no tempo oportuno, mas confiou na interferência de Deus, na hora certa. Jesus disse: "Sem mim nada podeis fazer". Também está escrito: "O homem nada pode receber coisa alguma se do céu não lhe for dada".[16]

Tudo na Bíblia nos ensina a sermos dependentes de Deus. O copeiro do rei tinha diariamente o trabalho de experimentar o vinho antes de servi-lo ao rei. Não era fácil obter permissão para afastar-se do palácio. Por isto Neemias orou a Deus. "Dá-me mercê perante este homem". Agiu com confiança porque cria na interferência de Deus. Naquilo que nos é humanamente impossível, não temos outra alternativa a não ser confiar a Deus o que não podemos fazer, desde que estejamos decididos a tudo fazer para o bem de outros e para a glória de Deus.

Também neste sentido temos brilhante exemplo de quanto vale confiar na interferência de Deus na causa justa. Deus interessa-se na causa justa.

Quando o rei Nabucodonosor teve a visão do extraordinário quadro profético, representado pela enorme estátua com a cabeça de ouro, o peito e os braços de prata, o ventre e os quadris de bronze, as pernas de ferro e os pés, em parte de ferro e em parte de barro, que representava o plano de Deus, na história do mundo, o rei não entendeu. Assombrado com a visão, exigiu dos magos e feiticeiros de Babilônia que lhe revelassem o mistério, mas os mistérios de Deus não são para os feiticeiros. Eles não puderam dar ao rei a interpretação do sonho, e o rei determinou que fossem mortos todos os sábios de Babilônia, entre os quais estavam Daniel e seus três companheiros. Quando Daniel soube da sentença de morte para todos os sábios, pediu para ser introduzido à presença do rei. Veja o que está escrito: "Foi Daniel ter com o rei e lhe pediu designasse o tempo, e ele revelaria ao rei a interpretação. Então Daniel foi para casa, e fez saber o caso a Hananias, Misael e Azarias, seus companheiros, para que pedissem misericórdia ao Deus do céu, sobre o mistério, a fim de que Daniel e seus companheiros não perecessem, com o resto dos sábios de Babilônia". Eles oraram com fé, confiando na interferência divina. Daniel externou a sua confiança ao dizer: "Há um Deus no céu, o qual revela os mistérios". Deus revelou o mistério a Daniel, que trouxe ao rei a interpretação de tudo. O que era mistério tornou-se revelação e Nabucodonosor pôde saber qual seria a história do mundo, desde os seus dias e para o futuro, rumo à eternidade. Tudo aconteceu porque Daniel creu na interferência de Deus, num problema acima da capacidade dos homens.[17] Este é o caminho para todos, em situações como esta.

**21. Abnegação.** Diz Neemias: "Eu era copeiro do rei, estava no palácio real". Não era fácil deixar o palácio, de onde no mundo inteiro existe o maior conforto e o mais suntuoso luxo. Mas todas as notas mais destacadas da história da humanidade, em qualquer sentido da vida, envolvem sempre alguém abnegado. Os amantes de si mesmos vivem para si somente, morrem na desventura e caem no esquecimento, deixando atrás de si apenas as impressões negativas do egoísmo que praticaram na vida. As mais destacadas notas da história do Cristianismo foram escritas por pessoas abnegadas que se colocaram nas mãos de Deus para serem usadas por Ele. Oxalá Deus levante muitos para esse mister, e que você seja também um desses.

[1] Filipenses 4.13; Romanos 8.35-37

[2] Lucas 6.46

[3] Salmos 46.1,2; Marcos 10.27

[4] 2 Coríntios 6.14-18

[5] Salmos 50.15

[6] Lamentações 2.19

[7] 1 Timóteo 2.1,2

[8] Salmos 139.23,24; Salmos 66.18 (ARC)

[9] Salmos 69.9

[10] Êxodo 32.32; Daniel 9.4-9

[11] Gênesis 18.25; 2 Pedro 1.4

[12] Daniel 9.18

[13] 1 João 3.21; Romanos 8.16,17

[14] Romanos 4.18

[15] Ester 4.13,14

[16] João 15.5; 3.27

[17] Leia a história toda no capítulo 2 do livro de Daniel.

# 11

# Resultados da Oração Eficaz

*"Se ao rei parece bem, dêem-se-me cartas para os governadores dalém do Eufrates, para que me permitam passar e entrar em Judá; como também carta para Asafe... para que me dê madeira para as vigas das portas da cidadela do templo, para os muros da cidade... E o rei mas deu, porque a boa mão do meu Deus era comigo"*

(Ne 2.7,8)

Orar de modo eficaz, orar com sinceridade e com fé, é trabalho que nunca deixa de ter grandes resultados, pois orar segundo a Palavra de Deus, significa deixar aos cuidados do Todo-Poderoso as coisas que só Ele pode fazer.

Para Neemias, inicialmente, a única coisa que podia fazer era orar ao Deus do céu. E não há dúvida: feliz a pessoa que parte para os grandes empreendimentos acompanhado daquEle que a ama e tudo pode. Enumeremos os resultados obtidos por Neemias:

**1. Foi autorizado a agir em nome do rei.** No texto de que nos servimos, temos esta verdade explícita: "Aprouve ao rei enviar-me e marquei certo prazo. E ainda disse ao rei: Se ao rei parece bem, dêem-se-me cartas para os governadores dalém do Eufrates, para que me permitam passar e entrar em Judá; como também carta para Asafe, guarda das matas do rei, para que me dê madeira para as vigas das portas da cidadela do templo, para os muros da cidade, e para a casa em que deverei alojar-me. E o rei mas deu, porque a boa mão do meu Deus era comigo".

Neemias tanto pediu a Deus de modo aceitável, como tinha em mente o que convinha pedir ao rei. Quando agimos certo com os homens e com Deus, podemos ter a certeza das bênçãos de Deus. Neemias foi atendido em tudo o que pediu, e foi, como representante do próprio rei, levar socorro ao seu povo, reconstruindo os muros de Jerusalém e proporcionando mais segurança aos judeus perseguidos.

**2. A obra foi realizada.** No capítulo 4, verso 6, lemos: "Assim edificamos o muro, e todo o muro se fechou até a metade de sua altura; porque o povo tinha ânimo para trabalhar". A oração eficaz é respondida por Deus, que providencia os recursos e prepara o ânimo das pessoas para a realização da obra.

É o que se observa a partir deste relato: "Acabou-se, pois, o muro aos vinte dias do mês de elul, em cinqüenta e dois dias. Sucedeu que, ouvindo-o todos os nossos inimigos temeram, todos os gentios nossos circunvizinhos, e decaíram muito no seu próprio conceito, porque reconheceram que por intervenção do nosso Deus é que fizemos esta obra".[1]

**3. Houve avivamento espiritual.** Avivamento é sempre o maior resultado da oração eficaz, e também a maior bênção de Deus, não só para quem ora, mas também para muitos, até mesmo além do nosso conhecimento. As bênçãos provenientes da oração eficaz, à semelhança da chuva, podem atingir além das nossas expectativas.

No capítulo 8 de Neemias lemos que os filhos de Israel "se ajuntou como um só homem" para ler o livro da lei de Deus, e houve muito choro. O povo sentia-se voltando a uma prática há muito abandonada, pois quando falta o avivamento na comunidade ou no indivíduo sempre a Palavra de Deus é esquecida. Nos versos 9 e 10 do capítulo 8, lemos: "Neemias, que era governador e Esdras, sacerdote e escriba, e os levitas que ensinavam a todo o povo, lhe disseram: Este dia é consagrado ao Senhor, vosso Deus, pelo que não pranteeis, nem choreis... Porque a alegria do Senhor é a vossa força". Quando oramos, de fato, há realizações importantes e genuína alegria.

[1] Neemias 6.15,16

# 12

# Requisitos para a Oração Eficaz

*"E esta é a confiança que temos para com ele, que, se pedirmos alguma coisa segundo a sua vontade, ele nos ouve"*
*(1 Jo 5.14)*

Gostaríamos de chamar a sua atenção para o fato de que estamos expondo normas estabelecidas pela Palavra de Deus, não algo proveniente de convenções meramente humanas. E são essas normas que nos orientam quanto à maneira correta de orar, que é o meio seguro de nos comunicarmos com Deus. Observemos o que a Bíblia diz a respeito desses princípios:

**1. Orar com o coração limpo do pecado.** Em uma mensagem anterior mencionamos este assunto, mas não é demais enfatizá-lo, pois é de fundamental importância, como está escrito: "Se eu no coração contemplara a vaidade, o Senhor não me teria ouvido".[1]

A Bíblia fala da oração como sendo uma conversa do filho com o Pai celestial e, enfaticamente, fala da oração dos santos, o que é uma referência às pessoas que se relacionam com Deus de modo digno da sua onisciência. Se, ao contrário, a pessoa ora a Deus com o coração cheio de pecados, sem arrependimento e sem temor, faz simplesmente o papel de hipócrita; e, para o hipócrita, não há promessa na Bíblia. Pode ser ainda o comportamento de quem abusa da misericórdia de Deus e escarnece da sua santidade. É bom orar como filho obediente.

**2. Orar com fé.** É o apóstolo Tiago que o ensina. Ele diz que devemos pedir com fé e em nada duvidando, pois, conforme acrescenta, "o que duvida é semelhante à onda do mar, impelida e agitada pelo vento. Não suponha esse homem que alcançará do Senhor alguma coisa". Tudo o que recebemos de Deus é tão-somente pela fé. Está escrito: "Sem fé é impossível agradar a Deus, porquanto é necessário que aquele que se aproxima de Deus creia que ele existe e que se torna galardoador dos que o buscam".[2] A Bíblia tanto fala da fidelidade e da infalibilidade de Deus, como relata em numerosos detalhes as muitíssimas vezes em que Deus tem atendido aos que o buscam com fé. É para confiarmos inteiramente em Deus. Duvidar das suas promessas, tanto nos prejudica como o ofende, pois Ele a tantos tem feito tanto, que merece ser invocado com segura fé.

**3. Orar segundo a vontade de Deus.** Diz o apóstolo Paulo que "a vontade de Deus é boa, agradável e perfeita". Também está escrito: "Esta é a vontade de Deus, a vossa santificação". E ainda: "Isto é bom e aceitável diante de Deus, nosso Salvador, o qual deseja que todos os homens sejam salvos e cheguem ao pleno conhecimento da verdade". O apóstolo João também afirma: "Se pedirmos alguma coisa segundo a sua vontade, ele nos ouve".[3]

O que estamos estudando são declarações dos santos apóstolos. Veja agora o que o próprio Senhor Jesus diz acerca da vontade de Deus: "Porque eu desci do céu não para fazer a minha vontade; e, sim, a vontade daquele que me enviou. E a vontade de quem me enviou é esta: Que nenhum eu perca de todos os que me deu; pelo contrário, eu o ressuscitarei no último dia. De fato a vontade de meu Pai é que todo homem que vir o Filho e nele crer, tenha a vida eterna; e eu o ressuscitarei no último dia".[4] É muito boa a santa vontade de Deus!

**4. Orar com perseverança.** O inconstante nada alcança, qualquer que seja a atividade na vida. Enquanto isso, a perseverança, tudo alcança.

A oração eficaz deve ter o caráter de uma batalha ordenada com o propósito seguro de vencer; e quem luta ao lado do Senhor de tudo e de todos deve orar, com certeza de ser mais do que vencedor. E esta é a divisa de todos os que têm perseverado diante de Deus em oração, não aceitando nenhuma derrota, nenhum fracasso. Conserve limpo o seu coração, ore com fé, peça segundo a vontade de Deus; persevere e vença, pois a sua perseverança e vitória com certeza glorificarão a Deus!

1 Salmos 66.18

2 Tiago 1.6,7; Hebreus 11.6

3 Citações na ordem: Romanos 12.2; 1 Tessalonicenses 4.3; 1 Timóteo 2.3,4; 1 João 5.14

4 João 6.38-40

# 13

# Elementos da Oração Eficaz

*"Seja bendito o nome de Deus de eternidade a eternidade, porque dele é a sabedoria e o poder; é ele quem muda o tempo e as estações, remove reis e estabelece reis; ele dá sabedoria aos sábios e entendimento aos entendidos. Ele revela o profundo e o escondido; conhece o que está em trevas, e com ele mora a luz"*
(Dn 2.20-23)

Na passagem acima encontramos os três principais elementos da oração eficaz, que são *petição, ação de graças* e *louvor e adoração*. Certamente que há outros elementos, mas por enquanto, à luz desse texto, nos deteremos nestes três. É importante que cada crente tenha esse conhecimento para orar com mais eficiência. Tratemos, pois, destes elementos da oração eficaz:

**1. Petição.** A petição, que normalmente é parte de toda e qualquer oração, pode ser uma oração eficaz, mas também fraca quando eivada do egoísmo e, portanto, ineficaz.

Quando na oração pedimos alguma coisa a Deus, podemos estar orando certo, porém, temos apenas em vista as necessidades, as dificuldades, os problemas, ou mesmo os grandes perigos, coisas que podem pesar sobre nós, causando-nos medo ou aflição.

Temos o direito de pedir a Deus tudo o que concerne às nossas necessidades e tudo o que nos interessa, especialmente as coisas de importância para a nossa vida, para a nossa família, etc.; aquelas que Deus dá diariamente às suas criaturas. Você pode, portanto, enumerar todas as suas carências e apresentá-las ao Senhor em oração, mas não esqueça: enquanto você pede, tem diante dos olhos as necessidades. Diante da situação ameaçadora em que se encontravam, Daniel e seus companheiros se reuniram para orar e PEDIR misericórdia ao Deus do céu. Segundo o texto, eles tinham diante de si uma necessidade urgente, e só Deus podia ajudá-los.

**2. Ação de graças.** Quando na oração agradecemos ou rendemos ação de graças a Deus, são as bênçãos que temos diante de nós. A oração eficaz leva-nos a esquecer as necessidades, tendo-as supridas. Chega a resposta de Deus, as necessidades desaparecem; são as bênçãos da providência divina que pairam à nossa vista.

Foi o que fizeram Daniel e seus companheiros. Eis o que lemos: "Então foi revelado o mistério a Daniel numa visão de noite. Daniel bendisse ao Deus do céu, e disse: Seja bendito o nome de Deus de eternidade a eternidade".

Quando oramos e não rendemos graças a Deus, ou não recebemos a bênção solicitada, ou somos muito ingratos. Mas na realidade, todos temos muitos motivos para agradecer a Deus — a saúde, o alimento, a vida, a paz que desfrutamos, entre outras coisas. Não é isto que pedimos a Deus diariamente, quando oramos? Se você não necessita pedir estas bênçãos, porque você as desfruta, não esqueça de agradecer a Deus. Diga como o salmista: "Bendize, ó minha alma, ao Senhor, e tudo o que há em mim bendiga o seu santo nome. Bendize, ó minha alma, ao Senhor, e não te esqueças de nem um só de seus benefícios".[1]

**3. Louvor e adoração.** Quando na oração louvamos e adoramos, é o próprio Deus, de quem nos vêm todos os benefícios, que temos em vista. Louvamos e glorificamos porque chegamos à presença de Deus e sentimos o seu imenso amor, em nos atender, quando ninguém no mundo poderia nos socorrer.

Daniel, pela revelação do misterioso sonho de Nabucodonosor, viu a história do mundo, milênios depois dele. Então, a sua oração tomou esta forma: "Eu te louvo, porque me deste sabedoria e poder; e agora me fizeste saber o que te pedimos, porque nos fizeste saber este caso do rei".

Neste trecho temos três elementos da oração eficaz: petição ou súplica, ação de graças e o louvor. Observe isto quando ora. Você se agrada com as bênçãos recebidas, e Deus se agrada do louvor. Faça disto, portanto, uma constância em sua vida devocional de oração.

[1] Salmos 103.1,2

# PARTE 3

# *O Dever de Orar*

# 14

# O Costume de Orar

*"Daniel, pois... entrou em sua casa, e, em cima, no seu quarto, onde havia janelas abertas da banda de Jerusalém, três vezes no dia se punha de joelhos, e orava, e dava graças, diante do seu Deus, como costumava fazer"*
(Dn 6.10)

O costume de orar aparece na linda história de Daniel, quando este contava cerca de oitenta anos de idade. O texto "e orava... como costumava fazer" identifica um hábito cultivado muito tempo antes, como expressão de uma vida que dependia daquilo.

Temos muitos hábitos decorrentes das necessidades. Temos hábito de comer, porque necessitamos. Mesmo sem relógio ou sem olhar para o sol, sabemos qual é a hora do almoço, do jantar, etc., porque o organismo necessita da alimentação regular.

Temos o costume de dormir e nem a mudança de fuso horário nos faz descuidar do sono no horário requerido pelo organismo. Se alguma circunstância nos faz alterar o costume, chega o momento em que o organismo cobra e se não for atendido, se ressente. Se continua a falta do alimento ou do repouso, sofre desarranjos, enfraquece, definha e, não sendo socorrido, marcha para a insuficiência, para a invalidez, para a morte.

A oração é para o homem interior o que o alimento, o oxigênio e o repouso são para o homem exterior. Como acontece com o corpo, em relação ao alimento e o repouso, assim acontece com a nossa vida espiritual, se não forem as suas necessidades satisfeitas com regularidade.

Muitos cristãos sabem que o Evangelho é a verdade. Jesus Cristo é o único e suficiente Salvador; sabem que devem evangelizar, que devem orar, que devem obedecer, que devem cooperar nos cultos, que devem contribuir com os dízimos e ofertas para a obra de Deus, e ainda assim nada fazem, porque não atenderam aos primeiros apelos da consciência e ao eco das aspirações da alma; abandonaram o costume de orar e chegaram à total inanição.

E aí, não haverá mais remédio? Na experiência do profeta Jonas, encontramos a receita. Jonas, que designado para ir pregar em Nínive, fugia da presença e da ordem do Senhor, *desceu* para Jope, *desceu* para dentro do navio, *desceu* ao porão do navio e depois teve que *descer* ao profundo do mar, indo parar no ventre do grande peixe. E agora, qual o remédio? Observe o que está escrito: "Então Jonas do ventre do peixe orou ao Senhor, seu Deus, e disse: Na minha angústia clamei ao Senhor, e ele me respondeu; do ventre do abismo gritei, e tu me ouviste a voz... Quando dentro em mim desfalecia a minha alma, eu me lembrei do Senhor: e subiu a ti a minha oração...".[1] E você sabe o que aconteceu; Jonas foi socorrido por Deus e voltou a cumprir a missão da qual tinha fugido.

Para evitar esses acidentes e essas experiências amargas, o certo é seguir o exemplo de Daniel, que ainda bem jovem cultivara o costume de orar, e Deus lhe dava a solução dos maiores e mais sérios problemas dos reis e do reino, e já aos oitenta anos, pondo em risco sua própria vida, se entregou à oração. Vamos lembrar o que lemos: "Daniel, pois, quando soube que a escritura estava assinada, entrou em sua casa, e, em cima, no seu quarto, onde havia janelas abertas da banda de Jerusalém, três vezes no dia se punha de joelhos, e orava, e dava graças, diante do seu Deus, como costumava fazer".

Todos os poderes do império se compactuavam para tirar a vida a Daniel e foi determinado que, se ele não ficasse trinta dias orando somente ao rei Dario, seria lançado na cova dos leões. Daniel, a despeito dessa ameaça, resolveu continuar orando ao Deus do céu, como costumava fazer; foi parar na cova dos leões, mas o Senhor foi com ele e os leões não lhe tocaram. Bendito o costume de orar! Bendito o Deus que atende aos que oram! Amém.

[1] Jonas 2.2,7

# 15

# O Dever de Orar

*"Não fará Deus justiça aos seus escolhidos, que a ele clamam dia e noite, embora pareça demorado em defendê-los?"*
(Lc 18.7)

O nosso tema se baseia nestas palavras escritas por Lucas: "Disse-lhes Jesus uma parábola, sobre o dever de orar sempre e nunca esmorecer". Observemos o seguinte:

**1. Dever de orar.** Isto foi referido pelo Senhor Jesus, a grande autoridade nesta matéria. A autoridade que Jesus tinha para falar do dever de orar, decorre do fato de Ele ter-se tornado o grande exemplo neste sentido. Já estudamos em capítulos anteriores sobre a vida de oração do Senhor Jesus, que passava horas a fio e a noite inteira em oração a Deus.

**2. Em que consiste o dever de orar?** Em primeiro lugar, é um mandamento freqüente na Bíblia. Jesus disse: "Vigiai e orai, para que não entreis em tentação; o espírito, na verdade, está pronto, mas a carne é fraca". Em segundo lugar, nos ensinos de Paulo temos isto em forma imperativa: "Orai sem cessar". O mesmo Paulo orienta que oremos "em favor de todos os homens" e também "em favor dos reis e de todos os que se acham investidos de autoridade".[1] Enfim, a Bíblia está cheia de mandamentos quanto a oração; e mandamento, como todos sabemos, impõe deveres.

**3. O dever de orar sempre.** Orar é conversar com Deus, é beber na fonte da água da vida; é respirar a atmosfera do céu; é envolver-se na comunhão vital com Deus; é chegar ao trono da graça de Deus e contemplá-Lo na beleza da sua santidade; é pedir o que necessitamos; é agradecer a Deus pelo que Ele faz por nós; é louvar a Deus pelo que Ele é para nós. Devemos orar sempre, porque orar sempre é o meio para desfrutarmos sempre de todas essas bênçãos maravilhosas na expressão do grande amor de Deus, que nós experimentamos especialmente quando oramos e sempre que oramos. Orar sempre, porque as nossas necessidades sempre estão presentes em todos os dias da nossa vida.

Devemos orar sempre porque Ele merece que sempre compareçamos à sua presença para, diante dEle, derramar a nossa mais sincera e profunda gratidão por todos os favores de sua graça para conosco. Orar sempre, porque sempre temos muitos por quem interceder. Orar sempre, para sempre estarmos avivados, alegres e eficientes. Orar sempre, porque os males de cada dia sempre estão presentes. Orar sempre, porque sempre precisamos de Deus e Deus sempre tem bênçãos para nós quando oramos.

**4. Orar sempre e nunca esmorecer.** É aqui que muitos têm falhado. Muitos oram muito, mas por pouco tempo. Oram algum tempo, mas esmorecem. Procedem como quem admite que tem vida mais curta que as dificuldades, as tribulações. Esmorecem, não persistem, se rendem, como quem julga que findaram os seus recursos e os de Deus também.

Jesus, para ensinar o dever de orar sempre e nunca esmorecer, propôs a parábola do juiz iníquo e da viúva pobre. O juiz era iníquo, era mau. A mulher, uma viúva pobre e nada merecia perante ele. Mas a viúva, como o crente perseverante em oração, persistiu em pedir, até que foi atendida. E o desfecho do ensinamento do Mestre foi: "Não fará Deus justiça aos seus escolhidos, que a ele clamem dia e noite, embora pareça demorado em atendê-los?" O que Jesus quis ensinar foi: se um juiz iníquo cedeu aos rogos insistentes de uma viúva pobre, o Deus bondoso, o Pai das misericórdias não atenderá aos seus santos, lavados com o sangue de Jesus, que clamam a Ele dia e noite? Se Deus demora em atender a sua oração, estará dando mais tempo para você orar, crescer na fé, receber bênçãos maiores, pois Ele é poderoso para nos conceder tudo infinitamente mais do que pedimos!

[1] Citados na ordem: Mateus 26.41; 1 Tessalonicenses 5.17; 1 Timóteo 2.1,2

# 16

# *O Lugar de Orar*

*"Quero, portanto, que os varões orem em todo lugar, levantando mãos santas, sem ira e sem animosidade"*
*(1 Tm 2.8)*

O lugar de orar é escolhido pelo bom senso e pela boa vontade, pois para a oração não deve ter lugar restrito ou exclusivo. No texto em destaque, temos as palavras do apóstolo Paulo: "Quero, portanto, que os homens orem em todo lugar". Em todo e qualquer lugar em que estejamos somos os mesmos elementos fracos, suscetíveis de fracassos, sujeitos às tentações, objetos dos ataques poderosos das trevas e das hostes espirituais da maldade.

Orar em todo lugar, porque em qualquer lugar que oramos, é oportuno para recebermos bênçãos de Deus, pois em qualquer lugar que oramos, Deus está presente e dEle precisamos em todo e qualquer lugar. Mas o melhor lugar para orarmos é o lugar onde nos propomos a encontrar com Deus, a chegar à sua presença, com humildade de servos, a confiança de filhos e a fidelidade de santos.

O monte Carmelo foi o lugar ideal para Elias orar a Deus, até os céus darem chuva.

À beira do vale do Jaboque foi o melhor lugar para Jacó demorar-se a noite inteira em oração a Deus, até ter certeza de que Deus lhe daria encontro de paz com o seu irmão Esaú, que vinha enfurecido à sua procura.

A casa de Daniel foi o lugar apropriado para Daniel e seus três companheiros orarem para receber de Deus a revelação do misterioso sonho do rei Nabucodonosor. Foi também em casa que Daniel, ameaçado de morte, três vezes ao dia orava e dava graças diante de Deus, que o livrou dos leões na cova onde passara a noite. Foi às margens do rio Tigre, o lugar adequado para Daniel passar semanas em oração, onde também lhe foram reveladas maravilhas da história no plano de Deus.

Para o Senhor Jesus, o lugar para oração era, ora no monte da tentação, onde passou quarenta dias sem comer e sem beber; ora em outro monte, onde passou a noite inteira orando, como também aconteceu várias vezes no monte das Oliveiras; ou no Getsêmani, onde orou até o seu suor se tornar como grandes gotas de sangue que corriam até o chão. Tudo pelo desempenho da obra da redenção e pela perspectiva do dia em que verá na glória milhões de almas salvas pela sua morte expiatória.

Já para os discípulos, o lugar inesquecível para a oração foi o Cenáculo, onde no dia de Pentecostes foram cheios do Espírito Santo e habilitados para o desempenho da grande obra de evangelização do mundo.

Para os cristãos perseguidos no tempo do Império Romano, em certa ocasião eram as catacumbas de Roma o lugar ideal para a oração; depois, os vales do Piemonte, ou os despenhadeiros dos Alpes, ou as montanhas Albi, onde clamavam a Deus e eram visitados com poderosas ondas de poder do alto.

Para os pioneiros do atual movimento pentecostal, o lugar preferido foram as florestas dos Estados Unidos, onde começaram as primeiras experiências do batismo no Espírito Santo no início deste século.

Para mim, um lugar inesquecível foi a sala da casa de meu pai, onde no dia 6 de julho de 1944, recebi o precioso batismo no Espírito Santo. O tempo e o espaço não nos bastam para refletir os lugares adequados para a oração. Certo estava o apóstolo a ensinar: "Quero que os homens orem em todo lugar". Em suma, o lugar para orar é o lugar onde você se dispõe a encontrar-se com Deus.

# 17

# O Tempo de Orar

*"Perseverai na oração, vigiando com ações de graças"*
(Cl 4.2)

Este preceito é corroborado pelo ensino de Paulo em outros textos, semelhantes a estes: "Com toda oração e súplica, orando em todo o tempo", e "orai sem cessar".[1] A oração, à luz dos ensinos bíblicos, é uma arma poderosa para nos assegurar vitória em todos os tempos e em todas as circunstâncias. Vejamos isto nos seguintes detalhes:

**1. Oração no tempo da prosperidade.** No Antigo Testamento temos o brilhante exemplo do rei Salomão, que estava no auge da grandeza e na maior popularidade. Em 1 Reis

8.22, lemos: "Pôs-se Salomão diante do altar do Senhor, na presença de toda a congregação de Israel e [orou]..."; e a sua longa oração ocupa o conteúdo de toda a extensão deste capítulo 8. Nesta oração, o rei externou o seu reconhecimento de que ele e todo o povo de Israel dependiam das misericórdias de Deus, para serem realmente grandes como rei e como reino.

Infelizmente, é na prosperidade que muitos deixam de orar, declinam na fé e fracassam. Certamente, por isto, o mesmo Salomão orou: "Não me dês nem a pobreza nem a riqueza; dá-me o pão que for necessário; para não suceder que, estando eu farto, te negue e diga: Quem é o Senhor?". No Novo Testamento temos o centurião Cornélio, humilhado, jejuando e orando a Deus, a despeito dos privilégios que desfrutava como centurião do Império Romano.[2]

**2. Oração no tempo das adversidades.** Isto nos é ensinado claramente no exemplo de Paulo e Silas, presos, açoitados, feridos e algemados. Lucas informa-nos que, em tal situação, "por volta da meia-noite, Paulo e Silas oravam e cantavam louvores a Deus...".[3] Foi aí que Deus se manifestou poderosamente, operando a libertação dos presos, tornando aquele ambiente de tortura e de lamentação e praguejamento em culto de louvor e de salvação. Não raro, as adversidades se tornam a sepultura de algumas pessoas, que ao invés de se dirigindo a Deus através da oração e do louvor, agem como se estivessem se dirigindo ao Diabo, murmurando, maldizendo e praguejando. Os que nas adversidades oram e se humilham, buscam a Deus, persistem, resistem com fé em Deus; esses triunfam e são exaltados por Deus, pois é uma verdade inalterável que "os que se humilham serão exaltados".

**3. Oração no tempo da enfermidade.** O ensino neste sentido o temos na epístola de Tiago, que diz: "Está alguém entre vós doente? Chame os presbíteros da igreja e estes façam oração sobre ele, ungindo-o com óleo em nome do Senhor. E a oração da fé salvará o enfermo, e o Senhor o levantará". A enfermidade constitui situação terrivelmente adversa, portadora do desânimo, do abatimento, da tristeza e de preocupações. Mas não esqueça: o Deus a quem você serve na boa saúde e no vigor, não lhe tem abandonado na enfermidade. A sua palavra é: "Não te deixarei, não te abandonarei". Ele tem cuidado de você. Não desanime, não entristeça, não se perturbe, Deus é o Deus das consolações. Ele não somente pode confortá-lo na doença, mas também pode curá-lo. Pense nisto: o carpinteiro que faz um móvel, também pode consertá-lo, quando este se desmantela. Anime-se na fé e receba a saúde, em nome de Jesus. A Bíblia tanto fala da cura divina, como da divina saúde. Jesus tomou, na cruz, não só os nossos pecados, mas também as nossas enfermidades. Conforme lemos em Isaías: "Certamente ele tomou sobre si as nossas enfermidades, e as nossas dores levou sobre si; e nós o reputávamos por aflito, ferido de Deus, e oprimido. Mas ele foi traspassado pelas nossas transgressões, e moído pelas nossas iniqüidades; o castigo que nos traz a paz estava sobre ele, e pelas suas pisaduras fomos sarados".[4]

Prezado irmão, prezada irmã: qualquer que seja a sua condição, de prosperidade, de adversidade ou enfermidade, comunique-se com Deus. Ele diz pela sua palavra: "Invoca-me no dia da angústia: eu te livrarei, e tu me glorificarás".[5] Faça isto, e assim certamente acontecerá com você. Deus lhe ajude!

**4. Oração no tempo de perigo.** No Evangelho de Mateus, temos um exemplo disto. Quando os discípulos estavam em perigo, ameaçados de naufrágio sob o impacto das ondas, Jesus veio ter com eles e, quando iam se afogando, gritavam: "Salva-nos, Senhor". Outra vez, em outro momento de tempestade, Jesus veio ter com os discípulos andando por sobre as águas. Pensaram tratar-se de um fantasma, mas Jesus disse: "Sou eu, não temais". Pedro então disse: "Se és tu, manda que eu vá ter contigo por sobre as águas". Ao que Jesus disse: "Vem!". O texto acrescenta que Pedro passou a andar sobre as águas, mas temeu as ondas e começou a afundar. Então ele clamou: "Salva-me, Senhor!" E prontamente Jesus, estendendo a mão, tomou-o e entrou com ele no barco.[6]

Algumas pessoas pensam que é no tempo de perigo que todos devem orar e há mesmo os que esperam as dificuldades e circunstâncias ameaçadoras para movê-los a orar. Mas é bom saber que para quem não cultiva o hábito de orar regularmente poderá não lembrar de orar no tempo de perigo iminente, pois nessa ocasião é bom orar, mas normalmente não há tempo para oração demorada. Se no perigo temos de orar com fé, é bom que a nossa fé esteja alimentada pelas horas de oração e súplica das horas de bonança. É muito mal e desesperançoso enfrentar o perigo desprevenido. Por isso a recomendação bíblica: "Fortalecei-vos no Senhor e na força do seu poder".[7]

**5. Oração no tempo da necessidade.** É nessa hora que alguns podem confundir fé com ansiedade. Quando há descuido em orar regularmente, na hora da necessidade, a angústia pode tomar o lugar da fé. Ouça o que a Palavra de Deus nos ensina neste sentido: "Não andeis ansiosos de coisa alguma; em tudo, porém, sejam conhecidas diante de Deus as vossas petições, pela oração e pela súplica, com ações de graças".[8]

Quando você ouve falar em necessidade, não deve pensar somente na necessidade de dinheiro, roupa, alimento ou de coisas requeridas para a vida normal de cada dia. Na pobreza ou na riqueza, na tristeza ou na alegria, na fome ou na abundância, no inverno ou no verão, de dia e de noite, persiste conosco a necessidade maior, a necessidade de todos os tempos, a necessidade espiritual. É bom lembrar que as necessidades que incluem meramente itens materiais podem de tal modo ocupar a nossa mente, que podemos esquecer a necessidade de buscar a Deus, a ponto de não mais senti-la. Mas vou lhe dar a dica certa: quando você não sentir necessidade de orar, saiba que esse é o sinal evidente de que você está de fato precisando tremendamente de orar e já está em perigo. Domine o seu comodismo. Obrigue a sua vontade desregulada e corra para os pés do Senhor, para que Ele lhe restaure o ânimo e lhe amplie a visão de quão maravilhosa é a vida em abundância com Cristo.

**6. Oração em todo o tempo.** Paulo dá duas recomendações sobre isso. A primeira aos Efésios, onde lemos: "Orando em todo o tempo"; e a segunda aos Tessalonicenses, quando diz: "Orai sem cessar". A oração é o respirar da alma, e constitui a atmosfera em que a alma respira "oxigênio espiritual", por assim dizer; que lhe dá vida e o vigor para prosseguir na jornada para o céu, sem desanimar.[9]

Como não vivemos fisicamente sem oxigênio natural, não vivemos espiritualmente sem o "oxigênio" proveniente da comunhão permanente com Deus, mediante a vida de oração. Quem ora em todo o tempo, confia em todo o tempo e triunfa em todo o tempo e em todas as lutas, e glorifica a Deus em todas as oportunidades. Orar em todo o tempo não significa estar a todo tempo ajoelhado. Para isso deve haver as horas especiais. Orar em todo o tempo, e orar sempre em espírito, aproveitando cada ocasião para estar diante dEle num anseio permanente de comunhão com Deus, em contínuo deleite na sua santa presença. Faça assim, experimente isto e viva feliz, na esperança da glória.

1 Efésios 6.18; 1 Tessalonicenses 5.17

2 Provérbios 30.8,9; Atos 10.1,2

3 Atos 16.25

4 Tiago 5.14,15; Isaías 53.4,5

5 Salmos 50.15

6 Mateus 14.24,31

7 Efésios 6.10

8 Filipenses 4.6

9 Efésios 6.18; 1 Tessalonicenses 5.17

# 18

# As Formas de Orar

*"E tudo quanto pedirdes em meu nome, isso farei, a fim de que o Pai seja glorificado no Filho. Se me pedirdes alguma coisa em meu nome, eu o farei"*
(Jo 14.13,14)

Já estudamos uma série de regras para a oração eficaz. Agora meditaremos na forma de orar de modo eficaz. Embora não estejamos expondo todas as formas da oração, destacaremos as seguintes:

**1. Orar em nome de Jesus.** Esta forma foi ensinada propriamente pelo Mestre divino. Eis o que, no texto em destaque, diz o Salvador: "E tudo quanto pedirdes em meu nome, isso farei, a fim de que o Pai seja glorificado no Filho. Se pedirdes alguma coisa em meu nome, eu o farei". Deus, para atender as nossas orações, quando feitas com sinceridade, não se prende a regras por nós criadas. Mas aquelas por Ele ensinadas através de sua Palavra, devem ser observadas. Por exemplo: há os que oram e concluem: "Tudo te peço em nome do Pai, do Filho e do Espírito Santo". A quem estão pedindo, então? A oração eficaz é feita no Espírito Santo,[1] e dirigida ao Pai, em nome de Jesus. Quando oramos segundo a Palavra de Deus, podemos estar certos de que Deus honra a sua Palavra, respondendo a nossa oração.

Se orarmos confiando em nossos próprios méritos, poderemos orar tão mal quanto o fariseu da parábola de Jesus, que orava de si para si mesmo. Ao contrário, a oração em nome de Jesus deve ser feita com toda a nossa confiança, pois o nome de Jesus é a garantia de que Deus responde a nossa oração. Ore, portanto, em nome de Jesus e confie.

**2. Orar no Espírito Santo.** Isto é ensinado por Paulo: "Orando em todo tempo no Espírito"; e também nestas palavras de Judas, o irmão do Senhor: "Vós, porém, amados, edificai-vos em vossa fé santíssima, orando no Espírito Santo".[2] Atente para a razão desta recomendação.

Em Romanos há uma indicação clara de que o Espírito é nosso Parceiro e Ajudador na atividade da oração, conforme lemos: "O Espírito, semelhantemente, nos assiste em nossa fraqueza; porque não sabemos orar como convém, mas o mesmo Espírito intercede por nós sobremaneira com gemidos inexprimíveis. E aquele que sonda os corações sabe qual é a mente do Espírito, porque segundo a vontade de Deus é que ele intercede pelos santos".[3] Que precioso favor, o Espírito Santo nos ajudando a dirigir-nos a Deus em oração; e, não há dúvida, a oração dirigida pelo Espírito Santo sobe a Deus sem a mesclagem da nossa vontade desajustada e do egoísmo que é a marca da nossa natureza decaída.

Passemos ao lado prático deste assunto. Muito impressionou-me, quando pela primeira vez ouvi, numa ocasião, uma garotinha, irmã minha, orando com fervor e desembaraço como uma pessoa adulta de boa instrução; e, outra, um homem analfabeto, que numa reunião de oração, ao que os demais terminaram e ele continuou orando com admirável eloqüência.

Podemos observar isto também no fato de crentes cultos não saberem orar e crentes simples, sem qualquer cultura, mas cheios do Espírito Santo, orarem de maneira arrebatadora. Não há dúvida, a explicação para essas diferenças é que oramos de modo eficaz, quando o Espírito de Deus nos guia na oração. Aí, então, causa e efeito se confundem — o crente ora bem porque é cheio do Espírito, e é cheio do Espírito porque ora; e ambas as coisas estão plenamente certas e todas convêm à nossa alma e interessam ao céu. Glória a Deus!

[1] Judas 20; João 14.13,14

[2] Efésios 6.18; Judas 20

[3] Romanos 8.26,27

# PARTE 4

# *Atitudes na Oração*

# 19

## *Oração e Compaixão*

*"Quanto a mim, porém, estando eles enfermos,*
*as minhas vestes eram pano de saco; eu afligia a minha*
*alma com jejum, e em oração me reclinava sobre o peito,*
*portava-me como se ele fora meu amigo, ou meu irmão..."*
(Sl 35.13,14)

A Bíblia revela uma abundância de sentimentos nobres, que devem mover-nos a orar. Ensina-nos ela que, quando oramos destituídos dos sentimentos aparentemente expressos na oração que fazemos, ela não tem valor. Não é realmente oração. É alguma coisa parecida. Se orarmos por um sofredor, simplesmente atendendo o seu pedido, sem o sentimento correspondente, essa oração não será respondida. A oração que sobe ao céu deve estar acompanhada da nossa compaixão por aqueles por quem oramos, do contrário estaremos orando apenas para a pessoa ouvir, ou apenas para desencargo de consciência.

O nosso texto em destaque fala da oração por enfermos. Temos aí o testemunho do rei Davi e nele um exemplo de motivação correta para orar. Diz ele: "Estando eles enfermos, as minhas vestes eram panos de saco; eu afligia a minha alma com jejum, e em oração me reclinava sobre o peito".

Tendo em conta ser um fato de milhares de anos antes de Cristo, distante da esplendorosa revelação dos dias do Cristianismo, temos de concluir que, já no passado, o Espírito de Deus produzia nos homens que o serviam o sentimento de compaixão que assinalou o ministério do Senhor Jesus e tem sido evidenciado por aqueles que são possuídos pelo Espírito de Cristo.

Jesus revela compaixão não somente orando, mas também agindo com aquela compaixão que recebeu do Pai através das horas e das noites em oração a Deus. DEle lemos no Evangelho de Mateus: "E percorria Jesus todas as cidades e povoados, ensinando nas sinagogas, pregando o evangelho do reino e curando toda sorte de doenças e enfermidades. Vendo ele as multidões, compadeceu-se delas, porque estavam aflitas e exaustas como ovelhas que não têm pastor". Essa era uma prática comum. Outra feita, neste mesmo evangelho, lemos: "Desembarcando, viu Jesus uma grande multidão, compadeceu-se dela e curou os seus enfermos".[1]

Por compaixão, Jesus libertou o endemoninhado gadareno. Por compaixão, restaurou a vista do cego de Jericó. Por compaixão, providenciou alimento para a multidão no deserto, em duas oportunidades, multiplicando poucos pães e peixes. Compadecido das lágrimas da viúva de Naim, Jesus ressuscitou-lhe o filho, já próximo do cemitério.

Compaixão deve fazer parte dos sentimentos dos discípulos de Jesus, pois movidos de compaixão pelos nossos semelhantes, nas diversas contingências da vida, oramos por eles, oramos com eles; oramos por eles quando enfermos, quando atribulados, quando enganados, quando enlaçados, quando ameaçados de perigos físicos e de perigos espirituais. É bem neste sentido o ensino de Judas, o irmão do Senhor: "Compadecei-vos de alguns que estão na dúvida — salvai-os, arrebatando-os do fogo".[2]

Compaixão é o sentimento que nos constrange a chorar com os que choram e gemer com os que sentem dor. Quando a compaixão nos move, oramos compartilhando dos sofrimentos do próximo, e é quando nos identificamos com o nosso Senhor, que chorou na previsão dos sofrimentos que sobreviriam ao povo judeu, quando vendo Jerusalém descuidada, disse em lágrimas: "Ah! Se conheceras por ti mesma ainda hoje o que é devido à paz". Foi a extrema compaixão de Jesus pelos perdidos que o moveu a orar na cruz: "Pai, perdoa-lhes, porque não sabem o que fazem".[3]

Sem a compaixão de Cristo em nós, criticamos, censuramos, condenamos, buscamos vingança, mas não oramos, não nos interessamos na solução dos problemas alheios, não sofremos com os sofredores. Movidos pela compaixão, oramos desejando de coração vê-los triunfantes das suas dificuldades, alegres, felizes, glorificando a Deus. Compadece-te de nós, Senhor, e dá-nos da tua compaixão!

1 Mateus 9.35,36; 14.14

2 Judas 22

3 Lucas 19.42; 23.34

# 20

# *Oração com Humildade e Arrependimento*

*"Ele, angustiado, suplicou deveras ao Senhor seu Deus,
e muito se humilhou perante o Deus de seus pais; fez-lhe oração,
e Deus se tornou favorável para com ele, atendeu-lhe a súplica
e o fez voltar para Jerusalém, ao seu reino;
então reconheceu Manassés que o Senhor era Deus"*
(2 Cr 33.12,13)

Humildade não pode vir acompanhada de fingimento e hipocrisia. Não consiste apenas em aparência. Arrependimento não é aquilo que o bêbado aparenta ser enquanto está sofrendo as conseqüências da embriaguez, vomitando ou na cadeia. Até chora, mas logo depois volta à prática da bebedeira. Isto é remorso, advindo da culpa por ter sido apanhado. Mas alguns confundem remorso com arrependimento.

Quando as orações sobem ao céu, acompanhadas de humildade e arrependimento, constituem o meio divino para levantar o penitente do fundo do poço, da degradação moral e espiritual à restauração plena nas bênçãos de Deus e no privilégio de ser útil à causa do Senhor.

O personagem do nosso estudo é o rei Manassés, que foi um dos piores exemplos de idolatria e perversidade. Dele está escrito: "Tornou a edificar os altos que Ezequias, seu pai, havia derrubado, levantou altares aos Baalins, fez postes-ídolos, e se prostrou diante de todo o exército dos céus, e o serviu. Edificou altares na casa do Senhor, da qual o Senhor tinha dito: Em Jerusalém porei o meu nome para sempre. Também edificou altares a todo o exército dos céus nos dois átrios da casa do Senhor. E queimou a seus filhos como oferta, no vale dos filhos de Hinom, adivinhava pelas nuvens, era agoureiro, praticava feitiçaria e tratava com necromantes e feiticeiros, prosseguiu em fazer o que era mau perante o Senhor, para o provocar à ira. Também pôs a imagem de escultura do ídolo que tinha feito, na casa de Deus... que dissera: Nesta casa e em Jerusalém, que escolhi de todas as tribos de Israel, porei o meu nome para sempre... Manassés fez errar a Judá e os moradores de Jerusalém, de maneira que fizeram pior do que as nações que o Senhor tinha destruído de diante dos filhos de Israel". Mais adiante lemos: "Falou o Senhor a Manassés e ao seu povo, porém não deram ouvidos. Pelo que o Senhor trouxe sobre eles os príncipes do exército do rei da Assíria, os quais prenderam a Manassés com ganchos, amarraram-no com cadeias, e o levaram a Babilônia".[1]

Manassés, que trocara o Deus de Israel pelos ídolos, e a obediência pela perversidade, foi transportado da posição de rei para a de um prisioneiro de um regime rigoroso, do palácio para o cárcere, em terra estranha. Situação que configura o resultado ou o fim dos que desprezam a Deus pelos ídolos, a justiça pela perversidade, a obediência pela imoralidade.

Foi, porém, nesta situação que ele acordou. Podemos perceber isso, conforme o texto em destaque: "Ele, angustiado, suplicou deveras ao Senhor seu Deus, e muito se humilhou perante o Deus de seus pais; fez-lhe oração, e Deus se tornou favorável para com ele, atendeu-lhe a súplica e o fez voltar para Jerusalém, ao seu reino; então reconheceu Manassés que o Senhor era Deus".

Este quadro revela até onde pode chegar o homem no caminho da desobediência e de onde pode emergir, quando se arrepende e ora a Deus com verdadeira humildade e sincero propósito de se corrigir e integrar-se no plano divino da salvação. Temos escrito: "A um coração quebrantado e contrito, não desprezarás, ó Deus". Manassés foi restaurado ao reino e restaurado no seu ânimo para servir a Deus e ao seu povo. Aquele que na desobediência estava destruindo a nação, agora empenha-se em reconstruir o que demolira antes. Dele também está escrito: "Depois disto edificou o muro de fora da cidade de Davi... e o levantou mui alto; também pôs chefes militares em todas as cidades fortificadas de Judá. Tirou da casa do Senhor os deuses estranhos e o ídolo, como também os altares que edificara no monte da casa do Senhor, e em Jerusalém, e os lançou fora da cidade. Restaurou o altar do Senhor e sobre ele sacrificou e ofereceu ofertas pacíficas e de ações de graças, e ordenou a Judá que servisse ao Senhor Deus de Israel".[2]

A oração que o pecador faz com humildade e arrependimento leva à conversão genuína, que, por sua vez, se evidencia pela conversão comprovada, pela reparação dos erros cometidos e a volta às atividades que honram a obra de Deus e o glorificam. Os atos falam mais alto que as palavras. São os atos da pessoa que atestam a sinceridade da sua conversão. Se você está em falta diante de Deus, quanto maior for o seu erro, tanto maior deve ser a humildade e o arrependimento demonstrados em sua oração. Você estará orando a um Deus vivo que conhece tudo e que é rico em misericórdias.

[1] 2 Crônicas 33.4-11

[2] 2 Crônicas 33.14-16

# 21

# Reajustamento e Oração

*"Então os sacerdotes e os levitas se levantaram para abençoar o povo; a sua voz foi ouvida e a sua oração chegou até à santa habitação de Deus, até aos céus"*
(2 Cr 30.27)

Na mensagem anterior já expusemos que Deus só atende à oração do pecador quando ele começa a orar com arrependimento sincero. Há também a oração abominável, daqueles que oram e continuam desobedecendo consciente e propositadamente a Palavra de Deus.

O desejo sincero de reajustamento com Deus, posto em prática, não pode deixar de acompanhar a oração, pois este novo ajustamento é a base da oração que chega ao céu, à presença de Deus.

O avivamento que assinalou o reinado de Ezequias foi resultado direto destas duas coisas. O rei Ezequias promoveu uma intensa campanha de ensinamento dos preceitos de Deus, que é o recurso eficaz para a conscientização dos deveres para com Deus e conseqüente arrependimento do pecado. Em toda parte, no reino do Sul e do Norte, chegou a palavra do rei com mensagens chamando o povo ao arrependimento e mudança de vida.

## A Mensagem de Ezequias

A mensagem do rei Ezequias era contundente e consistia no seguinte embasamento:

**1. Retorno a Deus.** "Filhos de Israel, voltai-vos ao Senhor, Deus de Abraão, de Isaque e de Israel".[1] Se a oração do errado não leva ao propósito de voltar-se para Deus, poderá não merecer resposta da parte de Deus. Ezequias sabia que esse era o início do caminho: voltar para Deus.

**2. Deixar os maus caminhos dos antepassados.** "Não sejais como vossos pais e como vossos irmãos, que prevaricaram contra o Senhor". Há os que se apegam à religião de seus pais, sem levar em conta os erros desses; se escravizam a uma mera tradição. Todos, no entanto, precisam saber que é a Palavra de Deus a regra para a fé, que nos dá força para libertar-nos das coisas que nos separam de Deus.

**3. Uma mensagem ao coração.** "Não endureçais agora a vossa cerviz, como vossos pais". O coração endurecido é o grande obstáculo às orações, pois quando oramos, não devemos pretender que Deus nos atenda, sem que haja em nós um coração entristecido e disposto a ouvir e atender o que Deus nos fala; e, não há dúvida, quando falamos com Deus em oração é uma boa ocasião para Deus nos falar. Essa tem sido a feliz experiência de muitos servos de Deus. Afinal, orar é manter diálogo com Deus — nós falamos e Ele nos fala; quando isto não acontece, algo importante está faltando.

**4. Exorta-os à conversão.** "Porque se vós vos converterdes ao Senhor, vossos irmãos e vossos filhos acharão misericórdia... porque o Senhor vosso Deus é misericordioso e compassivo". A conversão consiste num retorno incondicional, numa mudança de rumo, num retorno à origem daquilo que era o ideal e se desviou. Por sua vez, essas mensagens surtiram o seu efeito, chegaram ao coração do povo, com resultados visíveis na história e na cultura do povo.

## Os Resultados da Mensagem

Depois do impacto das mensagens, veio o período de reflexão, e da conseqüente mudança. Passemos agora aos resultados da mensagem do rei Ezequias:

**1. Humildade.** "Alguns de Aser, Manassés e de Zebulom, se humilharam e foram a Jerusalém". Foram para o local do culto verdadeiro, a Jerusalém, para cultuarem ao Deus do céu.

**2. Disposição de mudança.** "Dispuseram-se e tiraram os altares que havia em Jerusalém, também tiraram os altares do incenso, e os lançaram no vale de Cedrom". Em Jerusalém não devia haver senão o altar do Deus de Israel. Depois de tudo isto, lemos: "Ezequias orou por eles, dizendo: O Senhor, que é bom, perdoe a todo aquele que dispôs o coração para buscar o Senhor Deus de seus pais".

No texto inicial, em destaque, temos: "Alegraram-se toda a congregação de Judá, os sacerdotes, os levitas e toda a congregação de todos os que vieram de Israel, como também os estrangeiros". Isso exemplifica que quando nos reajustamos com Deus e oramos, as bênçãos de Deus vêm sobre nós, e essas alcançam também os estrangeiros que se unem aos que deixaram o pecado, fazem aliança com o Senhor da vida e marcham para o céu.

Por fim, lemos: "Então os sacerdotes e os levitas se levantaram para abençoar o povo; a sua voz foi ouvida e a sua oração chegou até à santa habitação de Deus, até aos céus". Era tudo que o povo precisava; era o melhor que poderia acontecer e foi isto o que aconteceu! É isto o que acontece quando nos voltamos à Palavra de Deus, nos reajustamos e, com humildade, oramos ao Deus das misericórdias. Faça assim! Faça isto! E que Deus lhe abençoe. Amém!

[1] As citações deste capítulo se encontram em 2 Crônicas 30

# 22

## *Oração para Obter Perdão*

*"Lava-me completamente da minha iniqüidade, e purifica-me do meu pecado. Pois eu conheço as minhas transgressões, e o meu pecado está sempre diante de mim"*
(Sl 51.2)

O Salmo 51 é a oração do rei Davi, quando pecou contra Deus, no caso de Bate-Seba. Nesta ocasião o rei Davi, que realmente conhecia a Deus, suplicou de Deus o perdão para o seu pecado, seguindo as regras bíblicas para se alcançar o perdão de Deus, o que podemos verificar nos seguintes passos:

**1. Confiança na compaixão, benignidade e misericórdia de Deus.** "Compadece-te de mim, ó Deus, segundo a tua benignidade, e segundo a multidão das tuas misericórdias".

Quando estamos em comunhão com Deus precisamos confiar na sua compaixão, na sua benignidade e nas suas misericórdias. Nunca confiar em nós mesmos, na nossa capacidade e em nossos méritos. Mas quando pecamos, precisamos muito mais. O Diabo, que pode induzir a pessoa a pecar, fazendo-a crer que é fácil ser perdoada e restaurada, levando-a a olvidar as terríveis conseqüências do pecado, pode depois de enlaçar a sua vítima, atirá-la ao desespero, levando-a a admitir que está irremediavelmente perdida, e que não há mais meios de salvação. Se esta é de alguma forma a sua situação, prezado irmão ou irmã, reanime-se, apele para as misericórdias de Deus, confesse o seu pecado, receba o perdão de Deus, e levante-se!

**2. Confiança na eficácia do perdão de Deus.** Isto ele expressou nestas palavras: "Apaga as minhas transgressões. Lava-me completamente da minha iniqüidade, e purifica-me do meu pecado". Apagar, lavar, purificar, são palavras que indicam a total remoção do pecado da vida e da consciência da pessoa e da memória de Deus. O profeta Miquéias diz que Deus perdoa as iniqüidades, esquece a transgressão e lança os nossos pecados nas profundezas do mar.[1]

A respeito dos que se arrependem e se convertem de coração sincero, Deus diz: "Pois, para com as suas iniqüidades usarei de misericórdia, e de seus pecados jamais me lembrarei".[2]

**3. Reconhecimento do pecado.** Na sua oração, Davi diz ao Senhor: "Pois eu conheço as minhas transgressões, e o meu pecado está sempre diante de mim". É muito mau pecar, mas pior ainda é acomodar-se ao pecado, é não admiti-lo, pois é o sinal de que a consciência, a única voz que em nós clama contra o pecado, já está adormecida ou cauterizada. Infelizmente, nesta situação encontram-se alguns que só acordarão na eternidade.

Mas a você que está lendo, neste exato momento, se esta é a sua condição, o Espírito de Deus lhe diz: "Desperta, ó tu que dormes, levanta-te de entre os mortos e Cristo te iluminará".[3]

**4. Confissão do pecado.** Para quem reconhece o próprio pecado, é fácil confessar. O salmista, sem tentar desculpar-se, diz: "Pequei contra ti, contra ti somente, e fiz o que é mal perante os teus olhos".

Confessar o pecado é regra bíblica indispensável para se obter o perdão. Ouça o que a Bíblia diz neste sentido: "O que encobre as suas transgressões, jamais prosperará; mas o que as confessa e deixa, alcançará misericórdia". Confessar o pecado e deixá-lo, corresponde a arrepender-se e converter-se. Deus não salva ninguém *no* pecado, Ele salva *do* pecado. No Novo Testamento, lemos: "Se confessarmos os nossos pecados, ele é fiel e justo para nos perdoar os pecados e nos purificar de toda injustiça". O apóstolo Tiago também ensina: "Confessai, pois, os vossos pecados uns aos outros, e orai uns pelos outros, para serdes curados".[4] Não confessar o pecado é como esconder veneno, engolindo-o. Não há perdão, não há esperança para quem peca e não confessa, porque se envergonha diante dos homens. Maior vergonha sofrerá diante de Deus, a quem nada se pode ocultar.

Não há promessa de perdão sem arrependimento e confissão, mas o que confessa e deixa, alcançará misericórdia. Deus nos ajude a compreender essa grande verdade!

[1] Miquéias 7.18,19

[2] Hebreus 8.12

[3] Efésios 5.14

[4] Citados na ordem: Provérbios 28.13; 1 João 1.9; Tiago 5.16

# 23

## Oração para Ser Restaurado

*"Cria em mim, ó Deus, um coração puro, e renova dentro em mim um espírito inabalável. Restitui-me a alegria da tua salvação, e sustenta-me com um espírito voluntário"*
(Sl 51.10,12)

Depois de uma cirurgia, o doente entra em convalescença e precisa ter restauradas as forças, o vigor e a plena capacidade para as atividade normais. Se o doente não é restaurado, a cura não foi completa e a vida não está segura. Esta é uma lição de vida que ninguém discute.

Davi orou com muita humildade, suplicando de Deus o perdão do seu pecado, mas compreendia que a sua alma fora ferida, e agora precisava não só de perdão e cura, mas também da restauração espiritual. É o que todos devem compreender, que o pecado que pode levar ao inferno também resulta na perda da espiritualidade e, conseqüentemente, na incapacidade para realizar grandes obras para Deus, assim como a pessoa em estado de convalescença não pode fazer as coisas de seu próprio interesse.

Davi buscou em Deus a sua restauração espiritual nesta maneira de orar:

**1. Pedia restauração espiritual.** "Cria em mim, ó Deus, um coração puro, e renova dentro em mim um espírito inabalável". Note a expressão usada por Davi para pedir que Deus crie nele um coração puro. Ele não requeria apenas que aquele coração que se inclinara para o pecado fosse purificado; queria também o seu espírito renovado. Pedia a Deus que aquele espírito que vacilou se tornasse inabalável.

**2. Pedia aproximação de Deus e a permanência do Espírito no seu ser.** "Não me repulses da tua presença, nem me retires o teu Santo Espírito". No pecado não estamos na presença de Deus, pelo contrário, nos afastamos de Deus e no pecado entristecemos o Espírito Santo. Isaías diz: "As vossas iniqüidades fazem separação entre vós e o vosso Deus". Paulo exorta: "Não entristeçais o Espírito Santo de Deus, no qual fostes selados para o dia da redenção".[1]

O escritor aos Hebreus adverte aos que ultrajam o Espírito Santo: "De quanto mais severo castigo julgais vós será considerado digno aquele que... ultrajou o Espírito da graça". O profeta Isaías protesta contra os que pecam e não se arrependem e não se corrigem, nestes termos: "Eles foram rebeldes, e contristaram o Espírito Santo pelo que se lhes tornou em inimigo, e ele mesmo pelejou contra eles".[2]

Estas verdades, certamente o Espírito de Deus de alguma forma as trouxe à mente do rei arrependido, que orou com humildade. "Não me retires o teu Espírito Santo". Isto é muito diferente de pecar e ficar satisfeito em ver a igreja levantar as mãos declarando reconciliado o indivíduo, como é costume em algumas igrejas quando da reconciliação de um membro. Se este, de fato, não se arrependeu e não se converteu, não estará livre das conseqüências do pecado. A isto se aplica o que está escrito: "Porém... sabei que o vosso pecado vos há de achar".[3]

**3. Restauração das evidências da salvação.** Quem é salvo não tem dúvida de ser salvo. A salvação é uma experiência. Não é algo meramente mental, de sugestão psicológica. A salvação é sentida através da paz, da confiança em Deus e da alegria interior, que são a expressão da vida abundante, que foi o objetivo da vinda de Jesus ao mundo. E tudo isso advém de uma experiência real. Se alguém diz que está salvo e não sente a alegria da salvação, tem algo importante a desejar. Não há dúvida de que a perda da comunhão com Deus traz tristeza à alma. A queda do nível espiritual traz tristeza à alma; a consciência de haver causado escândalo e profanado o santo Evangelho traz tristeza à alma; a reputação maculada traz igualmente tristeza à alma. Por isso a oração do salmista: "Torna a dar-me a alegria da tua salvação, e sustenta-me com um espírito voluntário".

**4. Restauração da graça para servir eficientemente.** "Então ensinarei aos transgressores os teus caminhos, e os pecadores se converterão a ti... Abre, Senhor, os meus lábios, e a minha boca manifestará os teus louvores". Note bem: ensinar aos pecadores os caminhos de Deus e manifestar os seus louvores são qualidade dos salvos, pois esses trabalhos só podem ser feitos efetivamente pelos salvos.

Triste da humanidade se não houvesse o perdão de Deus para o pecador. Existe perdão. O sangue de Cristo garante perdão a todos os pecadores que se arrependem e se convertem. É possível total restauração do pecador às bênçãos da salvação e à capacidade de servir bem a Deus. Mas isto deve ser buscado com sinceridade!

[1] Isaías 59.2; Efésios 4.30

[2] Hebreus 10.29; Isaías 63.10

[3] Números 32.23

# 24

# *Oração, Fator de Dupla Libertação*

*"Naquela mesma hora da noite, cuidando deles, lavou-lhes os vergões dos açoites. A seguir foi ele batizado, e todos os seus... e, com todos os seus, manifestava grande alegria, por terem crido em Deus"*
(At 16.33,34)

O tema usado é explicado no texto em destaque, pois relata a dupla libertação ocorrida, quando Paulo e Silas, à meia-noite, mesmo em face aos sofrimentos, oravam e cantavam hinos em louvor a Deus. Tiago ensina: "Está alguém entre vós sofrendo? Faça oração".[1] Ninguém deve pensar que Paulo e Silas não estavam tristes. Eram humanos. Tinham sido humilhados, espancados, estavam com os corpos feridos pelos açoites que lhes foram aplicados; estavam presos, acorrentados no tronco, e eram objetos do ódio do povo e das autoridades.

Paulo e Silas, como quaisquer outros, deviam estar tristes, mas não foram dominados pela tristeza; antes, dominaram a tristeza e chegaram à fonte perene de alegria. Eram corpos feridos, mas eram almas sadias; eram corpos na prisão, mas as suas almas estavam em plena liberdade, na liberdade da glória dos filhos de Deus. Estavam separados de seus irmãos, mas estavam unidos a Deus, naquela inquebrável comunhão que mantinham com Deus, na congregação, nas horas melhores de vida. Quem ora pode cantar, quando poderia estar chorando; pode bendizer, ao invés de murmurar, lamentar e praguejar. Quem ora permanece em liberdade e pode promover a liberdade de outros, inclusive dos escravos do pecado e de Satanás.

Foi o que aconteceu no cárcere em Filipos. Aquele cárcere que vezes sem conta testemunhou o praguejar e as blasfêmias de pessoas duplamente presas, física e espiritualmente, naquela noite diferente ouvia outras coisas. Os presos que faziam coro com outros, que externavam ódio e desespero, naquela noite, ouviam o som das orações e dos louvores que subiam ao céu, externando a alegria daquelas almas salvas, que tinham comunhão com o céu e pelo céu aspiravam.

Quando os homens murmuram, lamentam e praguejam, as hostes infernais da maldade se alegram, os demônios dão gargalhadas. Quando, porém, os servos de Deus oram e glorificam a Deus com sinceridade e fervor, os céus se alegram, Deus ouve as orações e ordena as suas infalíveis providências, milagres acontecem, as forças diabólicas são dominadas, as hostes infernais são desbaratadas, os prisioneiros de Satanás são libertados e Deus é glorificado.

O texto explica como ocorre a dupla libertação:

**1. Libertação física.** Eis o que está escrito. "De repente sobreveio tamanho terremoto, que sacudiu os alicerces da prisão; abriram-se todas as portas; soltaram-se as cadeias de todos". Com as portas do cárcere abertas e sem as cadeias, ou as correntes, os prisioneiros poderiam fugir, mas estavam presos pela presença de Deus e dominados pela glória que rodeava aqueles dois servos do Senhor Jesus.

O carcereiro havia provavelmente dormido ao som daqueles louvores. Um homem estressado por cuidar de presos, sempre cercado de perigos, encontrou uma relativa paz naqueles momentos de louvor, e adormeceu. Depois da inusitada abertura das cadeias de todos os presos, ele acordou sobressaltado. Então, o carcereiro tentou tirar sua vida, pensando que os presos haviam fugido, pois viu as portas abertas. Mas Paulo gritou do meio da escuridão do cárcere: "Não te faças nenhum mal, pois todos aqui estamos". O carcereiro, livre do temor de pagar com sua vida, pela fuga dos presos, pediu uma luz, e entrou precipitadamente no cárcere, e prostrou-se diante de Paulo e Silas. Estava convencido de que aquilo era obra do Salvador, e pergunta: "Senhores, que devo fazer para que seja salvo?". A resposta simples, foi: "Crê no Senhor Jesus e serás salvo, tu e a tua casa".

**2. Libertação espiritual.** Teria sido somente um passo histórico, se apenas as portas do cárcere tivessem sido abertas e as cadeias dos presos houvessem caído. Mas aconteceu o que Deus queria; aconteceu o que de fato é a finalidade dos milagres: houve salvação e Deus foi glorificado mais uma vez. É o que lemos: "E lhe pregaram a palavra de Deus, e a todos os de sua casa. Naquela mesma hora da noite, cuidando deles, lavou-lhes os vergões dos açoites. A seguir, foi ele batizado e todos os seus... e, com todos os seus, manifestava grande alegria, por terem crido em Deus". Esta foi a maior e a principal libertação operada naquela noite, como resultado das orações dos homens de Deus, que à meia-noite oravam e cantavam louvores. Aquele louvor em que não havia vaidade e nem hipocrisia. Aquele louvor que não exaltava o homem, mas que glorificava a Deus. Quando o povo de Deus ora, há libertação, há poder, há salvação. Pense nisto. Leve isto a sério e ore!!!

[1] Tiago 5.13

# PARTE 5

# *Oração e Fé*

# 25

## Oração a Deus – Ajudador e Sustentador da Vida

*"Eis que Deus é o meu ajudador, o Senhor é quem me sustenta a vida"*
(Sl 54.4)

A oração, que é impelida pela fé, sobe ao trono da graça, leva consigo o reconhecimento do que Deus é e representa para quem ora. Para alguns, Deus é apenas o Arquiteto do universo, quando na verdade é o Criador de tudo e de todos. Para outros Ele é alguém que tem o encargo de agraciar os homens com toda a sorte de benefícios, como prova de que Ele existe. Outros ainda pensam em Deus como o juiz rigoroso e severo, e nem assim o respeitam. Oram a um Deus que desconhecem e cujos atributos ignoram; oram a Deus da maneira como politeístas adoram ao sol, à lua, às estrelas, às montanhas e tantas outras coisas inanimadas e sem vida.

Se você quer que Deus responda a sua oração, procure conhecê-Lo antes de dirigir a Ele a sua oração. Aprenda isto com o salmista de Israel, neste texto: "Escuta, ó Deus, a minha oração, dá ouvidos às palavras da minha boca... Deus é meu ajudador, o Senhor é quem me sustenta a vida". Para este servo de Deus de um passado tão remoto, Deus é Senhor, ajudador e sustentador da vida.

Se Deus não é Senhor para você, não é Senhor da sua vida, para governá-la, para conduzir-lhe pelo caminho da obediência e da justiça. Ele não é o seu Deus e você não é seu filho, é apenas criatura de Deus, porque Ele o criou.

O protagonista desta mensagem era um rei, o rei Davi. O mais poderoso rei de Israel, o homem que conquistara Jerusalém. O rei que possuía glória, que era amado por seu povo, que na verdade tinha o mundo aos seus pés. Mas observe estes detalhes da oração do rei Davi.

**1. "Deus é o meu ajudador".** A despeito de sua privilegiadíssima posição de rei, Davi se curvava ao fato de que dependia da ajuda de Deus. Se você ora a Deus reconhecendo-o como seu ajudador, poderá acrescentar: Meu ajudador fiel, meu ajudador infalível, meu ajudador invencível. Meu ajudador no meu trabalho, meu ajudador nas horas difíceis, meu ajudador de todos os tempos e de todas as horas. Reconhecer isto, que Deus realmente é para os que o servem fielmente e o adoram em espírito e em verdade, é o meio mais seguro para orar e alcançar as bênçãos do céu.

**2. "O Senhor é quem me sustenta a vida".** Em nenhuma enciclopédia do mundo você encontrará qualquer informação ou qualquer evidência de existir alguém que lhe possa sustentar a vida. Deus é o único sustentador da vida. Davi sabia disso, cantava isso, expressava a sua gratidão por ter Deus como seu sustentador. A vida, que é o mais precioso dom que nós temos, é também o que há de mais frágil. Moisés afirmou categoricamente: "Acabam-se os nossos anos como um breve pensamento... tudo passa rapidamente, e nós voamos". O apóstolo Pedro afirma: "Toda carne é como erva, e toda a sua glória como a flor da erva; seca-se a erva, e cai a sua flor".[1] São verdades bíblicas, que a experiência comprova, pois é isto que acontece diante dos olhos de todos.

Há, por outro lado, muitas pessoas que vivem apenas porque suas vidas têm sido ou foram sustentadas por Deus, como por um milagre, por um fio, como se diz; quando prestes a serem arrebatadas pela morte, Deus as livrou. Entre estas pessoas está este que vos escreve. Estive muito perto da morte, e tenho certeza que fui misericordiosamente sustentado por Deus. Se Deus é o sustentador de sua vida, Ele é tudo mais que você precisa para prosperar, vencer e ser feliz. Deus pode sustentar a sua vida aqui, para Ele, para sua glória, e conservá-la na eternidade. Faça de Deus o seu Senhor, ajudador e sustentador de sua vida, e Ele com certeza será tudo isto para você!

1 Salmos 90.9,10; 1 Pedro 1.24

# 26

## A Oração do Crente Convicto

*"Se eu atender à iniqüidade no meu coração, o Senhor não me ouvirá; mas, na verdade, Deus me ouviu; atendeu a voz da minha oração. Bendito seja Deus, que não rejeitou a minha oração, nem desviou de mim a sua misericórdia"*
(Sl 66.18-20 – ARC)

Este texto em destaque contém a interessante oração, que chamaremos aqui de a oração do crente convicto; e nos ensina princípios básicos que devem ser observados quando oramos, os quais são:

**1. Saber a quem estamos orando.** De pronto, alguns poderão dizer: "E quem não sabe?". Não basta saber que está orando a Deus. É preciso ter convicção de que está orando ao Deus supremo, merecedor de toda a nossa reverente adoração e que sem isto não nos aproximaremos dEle. É preciso ir a Ele com toda a humildade, pois aos soberbos Ele os conhece de longe e os detesta. Com toda confiança, pois Ele tanto é o Deus supremo, como é também o Pai das misericórdias. Com plena convicção de que Ele é o Deus santo, que recebe as orações, qual incenso, dos seus santos. Deve-se ter em mente que Deus é excelso, e o Senhor acima de todas as nações, mas se inclina para ouvir o clamor dos aflitos e necessitados. Glórias sejam dadas ao seu Santo nome para sempre!

**2. Saber como estamos orando.** Você deve ter notado que já enfatizamos que Deus só ouve ou atende a oração da pessoa em pecado, quando esta ora com humildade e sincero arrependimento, pois aí já está iniciando o caminho de retorno a Deus. Com isto concorda o salmista em nosso texto, ao dizer: "Se eu atender à iniqüidade no meu coração, o Senhor não me ouvirá". Na versão Almeida Revista e Atualizada (ARA), em vez de iniqüidade, é utilizada a palavra vaidade. Vaidade e iniqüidade, aqui, são palavras sinônimas, identificando as pessoas que andam segundo suas próprias concepções e pensamentos, e não sob a orientação do Senhor .

Já ensinamos que um senso de culpa e a consciência do pecado podem levar a pessoa a desesperar da misericórdia de Deus. O normal da vida dos que esperam sair da terra é entrar imediatamente no céu, deixar a vida de sofrimento no mundo e penetrar na glória, é viver como ensina a Palavra de Deus, "em santidade e justiça perante ele, todos os dias de nossa vida".[1]

**3. Saber o que estamos pedindo.** Há os que oram querendo que Deus os atenda da forma que desejam. No entanto, é necessário que se saiba que se lhe pedirmos alguma coisa, deve ser segundo a sua vontade, porque só assim Ele nos ouvirá. Tudo isto nos ensina que, quando oramos, a nossa vida deve estar de acordo com a vontade de Deus e a nossa oração deve estar igualmente de acordo com a sua vontade. Não é orar como quem simplesmente quer ser atendido, ou que Deus atenda o desejo ou as pretensões da pessoa. Ao invés de orarmos para Deus nos ajudar a realizar tal empreendimento, convém-nos saber primeiro se o mesmo merece a aprovação de Deus. Pensemos, por exemplo, no casamento.

Um jovem que fez um casamento infeliz ilustrou isto com uma parábola. Disse ele ao seu pastor: "Eu resolvi construir uma casa. Trouxe a planta e apresentei-a ao engenheiro. Ele disse: se você construir assim, a casa cairá. Fiz outra planta e trouxe ao engenheiro. Ele olhou-a com muita atenção e a resposta foi a mesma — se construir dessa forma, a casa cairá. Idealizei outra planta, que parecia-me estar correta. Trouxe-a ao engenheiro, que mais uma vez condenou o meu projeto. Insatisfeito, resolvi executar o projeto. Quando acabei a construção, parecia-me que a minha casa era a melhor que poderia desejar, mas ela imediatamente ruiu. O engenheiro tinha razão, mas não o atendi". Então, continuando, ele explicou: "Por duas vezes tentei casar com moças que me pareciam ideais, mas orei pedindo a direção de Deus, e o Senhor revelou-me que não me casaria bem. Na terceira tentativa, a resposta de Deus foi a mesma. Não é esta; mas não entendi, e casei-me; mas tarde demais certifiquei-me de haver casado com uma mulher infiel...".

Se o moço ora pedindo a Deus para abençoar o seu casamento com determinada moça, poderá estar orando errado. Melhor é começar por estar convicto do que está pedindo, já tendo antecipadamente a certeza de qual é a vontade de Deus. Antes de começar a pedir que Deus abençoe seu casamento com determinada moça, é melhor procurar saber se é da vontade de Deus que você se case com aquela moça. Pedir para Deus abençoar simplesmente pode apenas denotar cegueira emocional, e isto pode significar que o jovem esteja disponibilizado a ouvir apenas que Deus concorda com ele. Isto vale também para qualquer moça que igualmente pretenda casar-se.

Se, por outro lado, uma moça se apaixona por um jovem, antes de saber a vontade de Deus neste sentido, poderá orar como querendo simplesmente aquele, e não outro que Deus possa querer dar-lhe. Poderá estar orando errado. É bom orar convicto de estar na plena vontade de Deus quanto à vida e quanto aos projetos.

Isso vale para qualquer projeto de vida. Antes de dar o primeiro passo, procuremos saber qual é a vontade de Deus a respeito daquilo. E Deus nos ajude!

[1] Lucas 1.75

# 27

# A Segurança de Orar Crendo

*"E tudo quanto pedirdes em oração, crendo, recebereis"*
(Mt 21.22)

Neste texto tão resumido, temos uma grande mensagem, numa declaração do Senhor Jesus que abrange toda a dimensão deste assunto universal, milenar, espiritual, cristão, celestial e divino — a oração.

Dentro de cada ser humano há algo espiritual, vindo de Deus, que se inclina para Deus, numa aspiração que a todos constrange a orar. Os que não conhecem o Deus verdadeiro, mesmo assim adoram a alguma coisa que aceitam como seu deus — coisas celestiais, como o sol, a lua, as estrelas; coisas naturais, como árvores, animais de todas as espécies, de acordo com o grau da ignorância e da superstição dos povos; outros ainda adoram coisas que eles mesmos fabricam com suas próprias mãos, como os ídolos feitos de madeira, gesso, barro e outros materiais, inferiores aos seus próprios adoradores. Tudo errado, mas em virtude do anseio da alma por Deus, muitos oram a essas coisas mortas e inúteis. Oram sem poder crer, de fato, pois essas coisas não inspiram a fé verdadeira e nem atendem a oração de ninguém, pois nem sabem o que se passa em redor delas.

A oração é recurso divino para os verdadeiros adoradores, que adoram a Deus em espírito e em verdade. É meio de comunicação com Deus, é meio para recebermos tudo o que precisamos para sermos felizes, para prosperarmos em todos os sentidos da vida, para vivermos vitoriosamente, sem termos de que nos envergonhar diante de Deus e dos homens, sem experimentar fracassos, sem perder a graça e sem descer a um nível espiritual insuficiente. A oração é meio eficaz para sermos úteis a Deus e à sua causa, mas não basta orar. É necessário orar crendo.

Relembre esta declaração tão maravilhosa de Jesus: "Tudo quanto pedirdes em oração, crendo, recebereis". Fortaleça a sua fé, aprofunde a sua crença, atentando bem para a abrangência e a profundidade desta promessa do divino Mestre: "Tudo quanto pedirdes". Tudo receberemos, crendo em Deus segundo a sua Palavra, que é regra infalível de fé.

Meu irmão, minha irmã: Faça relação das coisas lícitas, justas e convenientes de que você necessita, e apresente tudo a Deus, a este Deus Todo-poderoso, este Pai amoroso, e ore, crendo. Observe o que diz o apóstolo Paulo: "Aquele que não pou-

pou a seu próprio Filho, antes, por todos nós o entregou, porventura não nos dará graciosamente com ele todas as cousas?".[1] Tudo e todas as coisas. Nada se exclui da possibilidade de Deus em dar aos seus filhos que oram crendo que receberão. Orar crendo é deixar tudo na dependência do Pai que nos ama e tudo pode realizar. Você pode crer? Crer, de fato, com segurança, sem dúvida? Se não pode crer, ore mais, até poder aceitar as promessas de Deus. Note que é Jesus, o amado Salvador, que promete: "Tudo quanto pedirdes em oração, crendo, recebereis". Deus lhe ajude a atingir esse nível de fé para receber ricas bênçãos de Deus para sua vida!

[1] Romanos 8.32

# 28

## Exemplo de Oração e Consagração

*"Havia uma profetisa, chamada Ana... Esta não deixava o templo, mas adorava noite e dia em jejuns e orações"*
(Lc 2.36,37)

Da maneira como os maus exemplos escandalizam e pervertem, os bons exemplos inspiram e edificam. Os maus exemplos perduram por anos exalando mau cheiro, mas os exemplos dignos têm vida longa e se estendem por muitas gerações, abençoando e produzindo entusiasmo e coragem.

A personagem do nosso assunto, a qual tornou-se exemplo de oração e consagração, é Ana, uma anciã de 84 anos, envolvida na proclamação de que havia chegado a redenção de Jerusalém, na pessoa do menino Jesus.

Para muitas pessoas novas, o menino que era trazido ao templo, para o cumprimento do ritualismo legal da purificação, era apenas mais uma linda criança israelita, que cumpria o preceito divino. Ana, porém, viu no menino o Redentor prometido e falava dEle a todos os que esperavam a redenção de Jerusalém. Quem ora com devoção e consagração, tem visão sobrenatural. Vê com os olhos do Espírito Santo e faz distinção entre as coisas naturais e as espirituais. É neste sentido as palavras de Paulo: "O homem espiritual julga todas as coisas, mas ele mesmo não é julgado por ninguém".[1]

Oração e consagração, quando andam juntas, se ajudam mutuamente, para conviverem a vida inteira. Quando não há oração, a consagração não existe, e quando há oração sem consagração, a oração dura pouco, pois o homem natural não tem tempo para orar, não tem ânimo para orar, não sabe orar, enfim, não ora.

Em que, pois, consistia a consagração de Ana? Vejamos alguns pontos reveladores sobre a vida de oração dessa mulher:

**1. Adorava noite e dia.** Era adoração constante, contínua, persistente. Era a adoração de quem se deleita na presença de Deus, de quem tem a experiência do rei Davi, expressa nestas palavras, referentes a Deus: "Na tua presença há fartura de alegria". Jesus falou dos que adoram o que não conhecem, em contraste com os verdadeiros adoradores, os quais "adoram a Deus em espírito e em verdade". Ana, por sua vez, era o protótipo vivo desta recomendação bíblica: "Aquela, porém, que é verdadeiramente viúva, e não tem amparo, espera em Deus e persevera em súplicas e orações, noite e dia".[2]

**2. Adorava em jejum e oração.** Jejum e oração formam uma dupla, que constitui forte segurança. Enquanto o jejum é meio para combater os apetites desordenados da carne, a oração é meio suficiente para fortalecer o espírito, na luta contra a carne. Jejum e oração fazem parte da experiência de muitos cristãos que venceram em todos os combates, por toda a vida. Nisto Ana também perseverava. Você também pode beneficiar-se deste método bíblico, usando-o sábia e adequadamente. Algumas pessoas jejuam para tentar despojar a Deus de alguma coisa. Mas o verdadeiro e frutífero jejum, longe de se prestar a isso, é a forma de que se utiliza o adorador para se despojar de si mesmo para poder ter mais de Deus.

**3. Adoração continuada.** Há os que se empolgam, semelhantes a fogo de palha. Logo tudo se acaba. Ana, ao contrário, até a idade de 84 anos não se apartava do templo, adorando a Deus. Esta perseverança de uma vida inteira se justifica pelo fato de, em qualquer tempo da vida, em qualquer idade, qualquer pessoa pode ser assediada por diferentes tipos de tentação. Para qualquer idade, para qualquer tempo, para qualquer circunstância, o mundo, o Diabo e a carne estarão sempre espreitando com algum tipo de tentação capaz de pôr fim à carreira espiritual de um cristão.

Prezado amigo, prezada amiga: Aprenda o exemplo de Ana e entre pelos anos da vida em oração, regular, constante, diária e em consagração. Consagração significa entregar a Deus o que somos e o que temos. E quanto mais darmos de nós mesmos a Deus, tanto mais dEle teremos. Faça isto, e que a sua vida seja cheia de grandes vitórias!

[1] 1 Coríntios 2.15

[2] Citações na ordem: Salmos 16.11; João 4.22,23; 1 Timóteo 5.5

# 29

# A Oração e a Manifestação da Glória de Deus

*"Tendo Salomão acabado de orar, desceu fogo do céu, e consumiu o holocausto e os sacrifícios; e a glória do Senhor encheu a casa"*
(2 Cr 7.1)

A manifestação da glória de Deus em resposta à oração é a prova autêntica de que a oração chegou ao trono da graça; e, quando se manifesta a glória de Deus, os problemas são resolvidos, o inimigo é derrotado e Deus é glorificado. Durante os séculos e milênios da história do povo de Deus sempre houve quem orasse de modo aceitável ao céu, nas circunstâncias diversas e nas mais adversas.

Por ocasião da peregrinação dos filhos de Israel pelo deserto, lemos que, diante da rebelião destes, Moisés e Arão caíram com o rosto em terra diante da congregação. Profundamente humilhados, clamaram a Deus por socorro e, quando a congregação disse que os apedrejariam, a glória de Deus apareceu na tenda da congregação a todos os filhos de Israel. Deus castigou os rebeldes que desejaram voltar ao Egito, conforme pretendiam, Moisés continuou intercedendo pelo povo, e a vitória foi alcançada, com o conseqüente prosseguimento da viagem rumo à Terra Prometida.[1]

Em outra mensagem meditamos e vimos que quando Elias enfrentou o ímpio rei Acabe e os profetas de Baal, orou, e o Senhor respondeu a sua oração: a glória de Deus se manifestou através do fogo vindo do céu e o povo retornou ao Senhor, deixando os ídolos.

Vimos também que quando os apóstolos e os crentes primitivos, sob a pena de castigo, foram proibidos de pregar e ensinar em nome de Jesus, unânimes elevaram a voz a Deus em oração, moveu-se o lugar em que estavam reunidos, e todos foram cheios do Espírito Santo, com grande intrepidez pregaram a Palavra de Deus; e o Cristianismo, ameaçado, continuou sua marcha impoluta, alcançando o palácio imperial, onde muitos aceitaram a fé em Cristo, o Salvador.[2]

Este é o lado coletivo. Mas a oração fervorosa e cheia de fé tem este mesmo efeito nas pessoas individualmente. Muitos crentes em Cristo têm esta bendita experiência, quando não conformados com a vida infrutífera, ou quando assediados por tentações, clamaram ao céu, sinceramente desejosos de vencer, e foram cheios do Espírito Santo, foram envolvidos pela glória de Deus, emergiram de suas dúvidas, triunfaram sobre suas dificuldades, foram enriquecidos por Deus e se tornaram motivo de bênçãos para a sua congregação e para a sua geração.

No texto em destaque, lemos: "Tendo Salomão acabado de orar, desceu fogo do céu, e consumiu o holocausto e os sacrifícios; e a glória do Senhor encheu a casa. Os sacerdotes não podiam entrar na casa do Senhor, porque a glória do Senhor lhe tinha enchido a casa. Todos os filhos de Israel, vendo descer o fogo e a glória do Senhor sobre a casa, se encurvaram com o rosto em terra... e adoraram e louvaram o Senhor".

Daqui aprendemos duas coisas:

Em primeiro lugar, quando a glória de Deus se manifesta, o homem desaparece, isto é, a glória de Deus predomina e domina o ambiente, não havendo lugar para ostentações e vanglória. A soberba e a exaltação dos homens não permanecem quando se manifesta a glória de Deus. Diante da manifestação da glória de Deus, Isaías exclamou: "Ai de mim! Estou perdido!".[3]

Em segundo lugar, a manifestação da glória de Deus promove o verdadeiro louvor e a genuína adoração. É o que lemos: "Vendo descer o fogo e a glória do Senhor, se encurvaram com o rosto em terra... e adoraram e louvaram o Senhor". Esta adoração e este louvor são próprios de quem se rende diante de Deus e se prostra com o rosto em terra, com humildade, sinceridade, sem nenhuma pequena dose de leviandade. É o louvor que não consiste em meras coreografias de danças e palmas viciosas, de quem não tem mais inspiração para glorificar a Deus de coração alegre.

A mensagem principal é o pungente desafio de orar até que a glória de Deus se manifeste em nossa vida e glorifique a Deus!

[1] Leia a história toda em Números 14.5-10
[2] Leia o episódio todo em Atos 4.23-31
[3] Isaías 6.5

# 30

## *Oração e Pentecostes*

*"Todos estes perseveravam unânimes em oração...*
*Ao cumprir-se o dia de Pentecostes, estavam todos reunidos no mesmo lugar; de repente veio do céu um som, como de um vento impetuoso, e encheu toda a casa onde estavam assentados"*
(At 1.14; 2.1,2)

Já afirmamos em mensagens anteriores que todas as abundantes bênçãos de Deus ao seu povo, todos os avivamentos duradouros, foram respostas de ferventes orações que levaram ao céu o sincero desejo dos que oraram e buscaram de Deus o avivamento e todas as ricas e maravilhosas bênçãos, que a muitos enriqueceram.

Fala-se do dia de Pentecostes, mas o Pentecostes não foi coisa de um dia. Neste dia, cumpriam-se as profecias que anunciavam o derramamento abundante do Espírito Santo sobre aqueles que constituíam a novel igreja de Jesus Cristo, reunida no Cenáculo. Naquele inesquecível dia teve início a bênção vinda do céu para estar com a igreja do Senhor Jesus durante os séculos do Cristianismo, até a sua vinda. Tudo estava planejado. Tudo estava predito e revelado nas Escrituras. Tudo era para cumprir-se, mas aconteceu quando orações subiram ao céu. As bênçãos espirituais, divinas e eternas são demasiadamente grandes e valorosas para serem dadas a quem não as valoriza e não as deseja de coração sincero. A oração pode revelar o quanto desprezamos ou valorizamos as bênçãos do céu.

Jesus de tal modo destacou a importância da pessoa do Espírito Santo com a Igreja e na Igreja, que disse: "Convém-vos que eu vá, porque se eu não for, o Consolador não virá para vós outros". Jesus estava sujeito às limitações de um corpo, não podendo estar ao mesmo tempo em diferentes lugares. O Espírito não o estava, e podia, na onipresença divina, estar em qualquer lugar onde fosse invocado o nome do Senhor. E também Jesus disse: "Quando ele vier convencerá o mundo do pecado, da justiça e do juízo".[1] Os discípulos entenderam a mensagem e, quando viram o amado Salvador ser assunto ao céu, voltaram para Jerusalém, e, por causa disso, "todos estes perseveraram unânimes em oração, com as mulheres, estando entre elas Maria, mãe de Jesus, e com os irmãos dele", como afirma o texto em destaque.

O Pentecostes ocorreu dez dias depois que Jesus foi assunto ao céu, mas quando desceu o Espírito Santo no Cenáculo, lá estavam cento e vinte discípulos orando, buscando e esperando a vinda do divino Consolador, que viria, enviado por Cristo, para revestir de poder sobrenatural os discípulos, habilitando-os para serem testemunhas de Jesus, "em Jerusalém, como em toda a Judéia e Samaria, e até aos confins da terra".[2]

Quando oramos pedindo o que Jesus prometeu, devemos esperar com segurança e buscar com inteira confiança. Assim fizeram os discípulos. Não desistiam. Continuaram orando. Se alguns, porventura, desanimaram, contudo, os cento e vinte continuaram e foram esses que tiveram a maravilhosa experiência do precioso batismo no Espírito Santo. Cumpriu-se o que temos: "Ao cumprir-se o dia de Pentecostes, estavam todos reunidos no mesmo lugar, de repente veio do céu um som, como de um vento impetuoso, e encheu toda a casa onde estavam assentados. E apareceram, distribuídas entre eles, línguas como de fogo, e pousou uma sobre cada um deles. Todos foram cheios do Espírito Santo, e passaram a falar em outras línguas, segundo o Espírito Santo lhes concedia que falassem".

Todos se sentiam sumamente recompensados pelo tempo que, orando, ficaram esperando a promessa. As bênçãos vindas do céu têm caráter eterno e o tempo dispendido em buscá-las é com certeza um tempo bem empregado. E dar tempo ao Dono do tempo, é receber as riquezas que o tempo não gasta, e não passam, e não se estragam com o tempo que passa.

O Pentecostes naquele dia e em todos os tempos sempre esteve intimamente ligado à oração que sobe ao céu. Que isto lhe desperte para continuar orando, buscando, e esperando até receber o seu Pentecostes, de modo que possa viver na plenitude do Espírito. Assim seja!

[1] João 16.7,8

[2] Atos 1.8

# 31

## *Oração e Pentecostes durante os Séculos*

*"Arrependei-vos, e cada um de vós seja batizado em nome de Jesus Cristo, para remissão dos vossos pecados, e recebereis o dom do Espírito Santo"*
(At 2.38)

Já dissemos que o Pentecostes não foi experiência de um dia nem para um dia apenas. O Pentecostes é para todos, todos os tempos. O poderoso batismo no Espírito Santo ocorreu no dia de Pentecostes, repetiu-se depois em Samaria, manifestou-se anos depois em Éfeso, quando Paulo orou e impôs as mãos sobre os doze discípulos, que receberam o Espírito Santo, falaram em outras línguas e profetizaram.

Quando o Espírito desceu sobre os cento e vinte no Cenáculo, a multidão, atraída pelo vozerio dos que glorificavam a Deus e vendo as manifestações exteriores dos crentes cheios do Espírito, ecoou esta pergunta: "Que quer isto dizer?". A resposta foi o poderoso sermão de Pedro, cheio do Espírito Santo, falando e expondo que aquilo era resultado da morte expiatória de Jesus e a prova da sua ressurreição, consumando, assim, o plano pelo qual Deus se propunha a perdoar e salvar a todos os que se arrependessem e se convertessem a Ele com sinceridade e fé. Dos que ouviram a mensagem, veio outra pergunta, narrada assim pelo historiador: "Ouvindo eles estas coisas, compungiu-se-lhes o coração e perguntaram a Pedro e aos demais apóstolos: Que faremos, irmãos? Respondeu-lhes Pedro: Arrependei-vos, e cada um de vós seja batizado em nome de Jesus Cristo, para remissão dos vossos pecados, e recebereis o dom do Espírito Santo. Pois para vós outros é a promessa, para vossos filhos, e para todos os que ainda estão longe, isto é, para quantos o Senhor nosso Deus chamar".

Esta resposta é a revelação do plano de Deus para com o seu povo, durante os séculos do Cristianismo. O plano de Deus está em plena vigência e não consiste apenas em formação de grandes grupos religiosos, com o nome de cristãos; mas a expansão e consolidação de uma Igreja, na plenitude do Espírito Santo, Igreja gloriosa, sem mácula, nem regra, nem coisa semelhante, mas santa e sem defeito.

A Escritura revela com clareza que a eficiência da Igreja em cumprir a sua missão no mundo não depende da sua organização, sua estrutura social e suas condições financeiras. Depende, essencialmente, do poder do Espírito Santo.

Há mais de quatro séculos antes de Cristo, já a profecia dizia: "Não por força, nem por violência, mas pelo meu Espírito, diz o Senhor dos Exércitos".[1] Mas atente bem para o que exporei a seguir. Nunca houve derramamento do Espírito sem que houvesse orações que expressassem o anseio da alma por este precioso dom de Deus. Avivamento é resultado da operação poderosa do Espírito Santo, mas acontece quando o povo de Deus ora de fato. Assim aconteceu no dia de Pentecostes, assim aconteceu em Samaria, ou em Éfeso, assim tem acontecido milhares de vezes; todas as vezes que a Igreja viu e tem visto avivamento expresso e comprovado com a salvação de muitas vidas, com a manifestação do batismo no Espírito Santo, e também de curas, sinais e grandes milagres. A oração sempre esteve ligada às grandes manifestações do poder de Deus.

Quando o povo não ora se torna tão pobre que é incapaz de avaliar a sua pobreza. No lugar da poderosa graça de Deus se aloja a soberba e o orgulho, que cegam o crente e entristecem o Espírito. Era bem esta a situação da igreja de Laodicéia, à qual o Senhor, advertindo-a, assim fala: "Pois dizes: Estou rico e abastado, não preciso de cousa alguma, e nem sabes que és infeliz, sim, miserável, pobre, cego e nu". Se o crente não ora, empobrece, fica endurecido, perde a visão, perde a sensibilidade, perde o ânimo, perde a força, perde tudo. O plano de Deus, no entanto, é outro. Jesus disse: "Eu vim para que tenham vida e a tenham em abundância".[2]

O Espírito Santo é a vida da Igreja e do crente, em todo o tempo em que oram. Procure despertar-se para essa bendita realidade e ore até receber poder do alto que mude a sua vida!

[1] Zacarias 4.6 (ARC)

[2] Apocalipse 3.17; João 10.10

# 32

## *Oração para Ver o Sobrenatural*

*"Orou Eliseu, e disse: Senhor, peço-te que lhe abras os olhos para que veja.*
*O Senhor abriu os olhos do moço, e ele viu que o monte estava cheio de cavalos e carros de fogo..."*
(2 Rs 6.17)

Paulo faz uma explícita indicação de que o sobrenatural está fora do alcance de olhos humanos naturais, quando afirma: "Nem olhos viram, nem ouvidos ouviram, nem jamais penetrou em coração humano o que Deus tem preparado para aqueles que o amam". E, então, ele acrescenta que o homem precisa da ajuda de Deus para poder ver o sobrenatural: "Mas Deus no-lo revelou pelo Espírito".[1]

De fato, o sobrenatural está fora do alcance de olhos humanos e naturais. Certamente, por isso, estas palavras do apóstolo Paulo: "Não cesso de dar graças por vós, fazendo menção de vós nas minhas orações, para que o Deus de nosso Senhor Jesus Cristo, o Pai da glória, vos conceda espírito de sabedoria e de revelação no pleno conhecimento dele, iluminados os olhos do vosso coração, para saberdes qual é a esperança do seu chamamento, qual a riqueza da glória da sua herança nos santos". Certamente, pelo mesmo motivo, esta oração do salmista de Israel: "Desvenda os meus olhos, para que eu contemple as maravilhas da tua lei".[2] Tudo isso explica por que foi necessário o profeta Elizeu orar para que o servo Geazi visse as realidades espirituais, ocultas aos seus olhos.

Na ocasião em que Geazi assombrou-se ao ver a casa em que estava o profeta de Deus cercada dos exércitos sírios, duas realidades estavam presentes — a natural e a sobrenatural. De fato, a casa e a pequena cidade estavam cercadas de tropas, cavalos e carros de guerra. Isto Geazi viu. Viu o perigo e assustou-se. Mas também era real, que entre as tropas e a casa de Elizeu estavam muitos cavalos e carros de fogo, ou seja, o exército celestial estava ali para protegê-los. Isto Geazi não viu. Por isso Elizeu orou: "Senhor, peço-te que lhe abras os olhos para que veja". E lemos em seguida: "O Senhor abriu os olhos do moço, e ele viu que o monte estava cheio de cavalos e carros de fogo, em redor de Elizeu".

Foi bom que Elizeu orasse, mas melhor teria sido se o próprio moço orasse para ter visão espiritual, para ter olhos para ver o sobrenatural. Antes ele só via o perigo, agora viu que estavam protegidos por Deus.

Por falta de oração, que implica falta de espiritualidade, falta de visão espiritual, muitos não vêem as belezas da glória de Deus, a começar com a beleza da vida de Cristo; e mesmo aqui na terra, não conseguem ver a beleza de uma vida liberta de todas as máculas, externas e internas, que desvirtuam as criaturas, no seu estado meramente natural.

A Bíblia diz com clareza: "O homem natural não entende e não aceita as coisas do Espírito de Deus... porque elas se discernem espiritualmente".[3]

Por que o moço de Elizeu não via as maravilhas de Deus ali presentes? No capítulo anterior nos é revelado o tipo de visão que possuía. Depois que Naamã foi curado da lepra, voltou a Elizeu para oferecer-lhe uma grande riqueza. Elizeu recusou receber. Geazi, porém, ocultou-se de Elizeu e foi à procura do general de Ciro, mentindo, dizendo que Elizeu resolvera receber alguns presentes. A visão dele era diferente. Eram olhos cobiçosos, gananciosos, que só viam vantagens materiais.

A pergunta que se impõe é: como está a sua visão? Você só vê as dificuldades, o perigo? Você só vê a importância das coisas materiais, passageiras e efêmeras? Você acha que elas são mais importantes do que as coisas celestiais e eternas? O que está enchendo a sua vista? O que o está atraindo? O que está encantando os seus olhos? O que você pode ver, o espanta ou o fascina? Assombra-o ou encoraja-o?

Ore como o salmista: "Desvenda, ó Deus, os meus olhos, para que eu veja as maravilhas da tua lei". Ademais, o Senhor diz: "Aconselho-te que de mim compres... colírio para ungires teus olhos, a fim de que vejas".[4] Ore, ore mais, para que você tenha ampla visão das coisas sobrenaturais e eternas, vindas de Deus. Amém!

1 1 Coríntios 2.9,10

2 Efésios 1.16-18; Salmos 119.18

3 1 Coríntios 2.14

4 Apocalipse 3.18

# 33

## O Lugar da Oração nos Problemas da Igreja

*"Mas, irmãos, escolhei dentre vós sete homens de boa reputação, cheios do Espírito e de sabedoria, aos quais encarregaremos deste serviço; e, quanto a nós, nos consagraremos à oração e ao ministério da palavra"*
(At 6.3,4)

Em todas as áreas, em todas as circunstâncias e em todos os tempos, é exatamente na igreja, que a oração tem lugar como centro e como mola de todos os movimentos.

A oração é o berço em que a Igreja nasceu, é o alimento que nutre a Igreja, e a faz crescer e lhe dá vigor. Sem oração a Igreja não cresce, não tem vida, não tem voz, não tem ouvinte, não tem força, não tem espaço, não tem ação; se fala, ninguém ouve, se age, ninguém sente. Não vive, vegeta. É uma organização, não um organismo vivo. Não combate o pecado, é dominada por ele. Pode ser qualquer coisa, talvez um clube de crentes, mas não é Igreja. Pode promover movimento, ajuntamento, festas ou farras, mas não promove avivamento. Pode ganhar fama, mas não ganha almas. Pode ganhar amigos, mas não glorifica a Deus. Pode realizar obras sociais, mas não faz trabalho espiritual. Pode preocupar os crentes despertados, mas não preocupa os demônios. Pode divertir os seus membros e fazer rir as hostes infernais ao mesmo tempo.

A igreja que não ora, o tempo passa e ela fica. Cresce o número de pecadores, fora e dentro da igreja. A igreja que não ora pode ser chamada "a mesma coisa", pois se confunde com o mundo, na aparência e nas ações. Não é isto o que vemos? Há igrejas que mais pecam nas suas celebrações, do que quando estão com seus templos fechados; no tempo dos seus festejos é quando os templos se tornam o mercado em que se pode encontrar todos os tipos de mercadorias que só não agradam a Deus. Mas isto acontece quando não há oração, e quando isto acontece, já não é a Igreja que está presente, é simplesmente uma comunidade religiosa; que pode ter muitos adeptos e nenhum servo de Deus, nenhum adorador. Tudo começa quando na igreja não há lugar para a oração. Quando a igreja não ora, o Espírito Santo se entristece e o Diabo se alegra.

Você será capaz de pensar que isto é exagero? Leia a sua Bíblia e certifique-se desta verdade triste e assombrosa.

Há lugar para a oração em todos os problemas da igreja, mas o maior deles é não orar, pois este gera muitos outros. A oração é a solução dos problemas da igreja, e quando não há oração, não há solução para os problemas, pois os próprios membros se tornam problemáticos. Quando os membros da igreja oram, também evangelizam, cooperam, trabalham, ajudam, contribuem, amam, perdoam, operam, realizam, vivem unidos no amor de Deus, têm vida, comunicam vida, marcham juntos para o céu, têm esperança de vida eterna. Quando os membros da igreja não oram, tudo é difícil, tudo é improdutivo, nada podem. Não podem evangelizar, não podem contribuir, não podem confiar, não sabem perdoar, criticam, murmuram, combatem com golpes ao ar. Quem não ora não tem vida de Deus e quem não tem vida, nada faz de valor eterno.

A igreja que ora, também tem problemas, mas os problemas são resolvidos, a obra é realizada e Deus é glorificado.

O nosso texto se refere ao problema com que se defrontou a igreja em Jerusalém. Problema que envolvia a igreja na parte social e espiritual, e exigia o posicionamento dos apóstolos. Foi aí que os apóstolos demonstraram o reconhecimento que tinham da importância da oração. A decisão foi escolher, dentre os próprios crentes, sete homens de boa reputação, cheios do Espírito e de sabedoria, os quais seriam encarregados deste serviço — o atendimento dos necessitados (At 6.3). E veja o que disseram os apóstolos: "Quanto a nós, nos consagraremos à oração e ao ministério da palavra". Se tentarmos solucionar os problemas, dispensando a eles o tempo que seria devido à oração, podemos contribuir para torná-los ainda mais insolúveis.

Nesta ocasião os problemas foram resolvidos sem tomar o lugar da oração. Quando o problema consistia na proibição de pregar e ensinar no nome de Jesus, os apóstolos se reuniram com os demais e, "unânimes elevaram a voz a Deus em oração e... tendo eles orado, tremeu-se o lugar onde estavam reunidos; todos ficaram cheios do Espírito Santo, e, com intrepidez, anunciavam a palavra de Deus".[1]

Estes modos de avaliar a importância da oração no conceito da Igreja Primitiva são o paradigma para todas as igrejas em circunstâncias idênticas, e isto constitui as experiências da Igreja nas diferentes épocas da história, nas diversas circunstâncias da vida, na sua trajetória rumo à glória de Deus.

Tudo isto nos ensina que não só nos problemas, mas em qualquer situação, deve ser distinto o lugar da oração na igreja.

Você é parte da Igreja. Você é a Igreja. Portanto, comece com você. Tome tempo para orar!

[1] Atos 4.24-31

# PARTE 6

# *A Oração e seus Efeitos*

# 34

## Efeitos de Orações Incessantes

*"Pedro, pois, estava guardado no cárcere; mas havia oração incessante a Deus por parte da igreja a favor dele"*
(At 12.5)

O capítulo 12 de Atos começa com os atos despóticos do rei Herodes, mandando matar à espada o apóstolo Tiago, irmão de João. O texto em destaque nos informa que ele mandou prender também a Pedro, pretendendo submetê-lo a um julgamento popular, depois da festa da Páscoa, porque isto agradaria aos judeus inimigos do Evangelho. E que a sua motivação era uma jogada de marketing promocional, porque resultaria em que um Idumeu, filho de Esaú, e não de Jacó, se tornaria mais popular diante dos judeus. Naturalmente, essa assembléia seria constituída não dos condiscípulos de Pedro, mas daqueles que o odiavam por causa do nome de Jesus. Diz também o texto que Herodes entregou Pedro a quatro grupos de quatro soldados, para guardá-lo no cárcere com segurança. Estava Pedro acorrentado na prisão, sob os olhares vigilantes dos soldados.

A igreja sabia qual seria o fim de Pedro, a morte certa, com que Herodes esperava melhorar o seu conceito perante os judeus incrédulos. Por isso lemos que, enquanto Pedro era guardado na prisão, a igreja fazia contínua oração por ele a Deus.

Passou o período da páscoa e se aproximava o dia em que Pedro deveria ser apresentado ao povo para receber a sentença final. Naquela noite, que poderiam pensar ser a última noite em que Pedro estaria vivo no mundo, era a noite de maior aflição, de insuportável desespero para uma pessoa naquela situação que não tivesse a certeza da vida eterna. Mas o quadro era este: a igreja fazia incessante oração por ele a Deus, os céus se movimentavam, Deus determinava as suas infalíveis providências, e Pedro, sim, Pedro dormia tranqüilamente. Diferente de Jonas que dormia no seu indiferentismo, Pedro, no centro da vontade de Deus, cheio de paz e tranqüilidade, dormia o sono de quem confiava em Deus e a Ele entregara o seu destino. Dormia e os anjos o velavam. Enquanto a igreja orava, diz a Bíblia: "Eis, porém, que sobreveio um anjo do Senhor, e uma luz iluminou a prisão; e, tocando ele o lado de Pedro, o despertou, dizendo: Levanta-te depressa. Então as cadeias caíram-lhe das mãos. Disse-lhe o anjo: Cinge-te, e calça as tuas sandálias. E ele assim o fez. Disse-lhe mais: Põe a tua capa, e segue-me".[1] Pedro não sabia que era real o que o anjo estava fazendo, mas de fato estava livre das pretensões de Herodes, do povo judeu e da morte.

O ministério de Pedro ainda não havia terminado. Deus o queria ainda por algum tempo no mundo, para realizar grandes obras. A igreja orava de acordo com a vontade de Deus, e o milagre aconteceu. Quando a igreja ora continuamente a mão de Deus se move, o Diabo é derrotado, os prisioneiros são libertados e Deus é glorificado. Oxalá a Igreja de hoje, composta por cada um de nós, entenda que pode mudar circunstâncias adversas, se aprender a orar incessantemente, até que a oração seja respondida e a vontade de Deus seja feita. Amém!

[1] Atos 12.7,8

# 35

# Oração, Ação de Graças e Intercessão

*"Perseverai na oração, vigiando com ações de graças. Suplicai ao mesmo tempo, também por nós, para que Deus nos abra porta à palavra, a fim de falarmos do mistério de Cristo, pelo qual também estou algemado..."*
(Cl 4.2,3)

Paulo orava e insistia em que os crentes dos seus dias orassem, suplicassem, e intercedessem. Certamente porque isso produziria efeitos extremamente benéficos, que só a oração pode realizar. A oração pode mudar circunstâncias, pode alterá-las, e pode produzi-las. Por isso Paulo orientava o seguinte:

**1. Perseverança na oração.** Paulo orientava: "Perseverai na oração". Esta é uma frase que muitas vezes foi proferida por

Paulo, como também foi escrita. De fato, não basta orar alguma vez, como quem busca algo que só precisa uma vez. Se a vida continua, as lutas acompanham, se repetem; se alguém ora apenas por algum tempo, a maior parte do tempo estará desprevenido e incapaz de vencer a luta, e realizar algo nas oportunidades que surgem. Perseverar na oração é necessário, porque em nenhum dia estamos isentos de tentação. Está escrito que "o pecado tenazmente nos assedia"; e também Paulo adverte que "a carne milita contra o Espírito, e o Espírito contra a carne, porque são opostos entre si".[1]

A vitória estará do lado para o qual você for ou pender, ou dependerá da sua decisão; e para uma decisão certa é necessário estarmos fortalecidos no Senhor e na força do seu poder. Sem oração não há vida, não há força. Perseverai na oração. Perseverai na oração. Perseverai na oração. É mandamento. É um imperativo. É conselho divino. É preceito que visa o seu bem, o seu êxito, a sua vitória.

**2. Vigilância e ação de graças.** É o que lemos: "Vigiando com ações de graças". É a oração em que vai a consciência do que convém, do que é devido a Deus. A oração em que não há ação de graças, é a oração de quem nada recebeu de Deus, ou de quem recebeu, mas é ingrato e desconhecido. Quem ora, de fato, recebe bênçãos de Deus, e a maior bênção é a plenitude do Espírito, que nos move a agradecer e glorificar a Deus. Oração com ação de graças, é também a oração de quem está certo de receber o que está pedindo, antes mesmo de receber. De Jesus temos o melhor exemplo neste sentido, à borda da sepultura de Lázaro, quando este ainda estava no túmulo em estado de putrefação, Jesus orou: "Pai, graças te dou porque me ouviste". E não pediu mais nada. Clamou em alta voz: "Lázaro, vem para fora", e Lázaro voltou à vida.[2] Vigie, meu irmão, minha irmã, para que a sua oração não consista apenas de pedidos, determinando a sua ingratidão.

**3. Intercessão.** O pedido de Paulo à igreja era: "Suplicai ao mesmo tempo, também por nós, para que Deus nos abra porta à palavra, a fim de falarmos do ministério de Cristo, pelo qual também estou algemado".

A Bíblia destaca a importância da oração individual como uma necessidade de cada um e responsabilidade para com Deus. Entretanto, deixa bem claro que orar é um combate travado contra os poderes infernais; é uma luta que requer o maior número de combatentes, já que a causa é comum a todos, como membros do mesmo corpo, o Corpo de Cristo, a Igreja. Por isso, ocorrem com freqüência, na Bíblia, expressões como estas: "unânimes em oração", "orai uns pelos outros", "orai por todos" e "orai por nós", etc.

Paulo diz que estava algemado, e de fato estava. Esta carta foi escrita quando o apóstolo estava preso em Roma, porém, mesmo preso, queria portas abertas para a palavra de salvação em Cristo. Tanto Paulo, quanto qualquer outro pregador, está na linha de frente e, portanto, sujeito aos ataques do inimigo, que na hipótese mais generosa, deseja impedir-nos de pregar o Evangelho da salvação, além do desejo maior de destruir o cristão. Ouça esta advertência do apóstolo Pedro: "Sede sóbrios e vigilantes. O diabo, vosso adversário, anda em derredor, como leão que ruge procurando alguém para devorar".[3]

Ore muito por você, meu amado irmão, minha amada irmã. Mas ore pelos outros, ore pelos pregadores, pelos pastores, pelos líderes, pelos seus familiares. Mas não se esqueça de agradecer, tanto pelas orações que já foram respondidas, como também por aquelas que ainda o serão. Assim seja com a sua vida.

1 Hebreus 12.1; Gálatas 5.17

2 João 11.41

3 1 Pedro 5.8

# 36

# *Oração pelos Tristes e Doentes*

*"Está alguém entre vós sofrendo? Faça oração.*
*Está alguém alegre? Cante louvores.*
*Está alguém entre vós doente? Chame os presbíteros da igreja,*
*e estes façam oração sobre ele, ungindo-o com óleo*
*em nome do Senhor"*
(Tg 5.13,14)

Toda palavra inspirada por Deus representa uma realidade. O que está na Bíblia se cumpre. Tem-se cumprido sempre que a Palavra de Deus é posta em prática, com fé.

Sabemos que sem fé é impossível agradar a Deus. Sem fé a Bíblia deixa de ser a Palavra de Deus para quem lê. Quando não aceitamos com fé o que a Bíblia diz, as sua promessas não são para nós e não se cumprem em nós.

O que Tiago escreve no texto de nossa leitura é verdade, tanto porque é inspirado por Deus, como porque é uma verdade comprovada pela experiência de milhões de cristãos, durante muitos séculos.

**1. Oração do justo.** A Bíblia ensina: "Muito pode, por sua eficácia, a súplica do justo". Muitas vezes, os homens mais simples, mais modestos e mais despretensiosos, têm sido chamados de justos. O seu comportamento, no falar e no agir, a sua devoção a Deus, a sua submissão aos preceitos divinos, a sua imparcialidade e o seu respeito no trato com as pessoas, a sua integridade nas relações com o dinheiro e com o sexo oposto, enfim, a lisura de suas vidas aos olhos dos que os cercam, valeu-lhes o conceito de justos. No texto em destaque, Tiago menciona um desses — Elias, o profeta de Deus.

Ser justo não é ostentar justiça própria, mas ser justo é algo que agrada ao céu. A oração do justo pode muito pela sua eficácia. Quem ora procura também não ter de que se envergonhar.

**2. Oração pelos que sofrem, pelos tristes.** A Bíblia recomenda: "Chorai com os que choram". Isto pode até significar entristecer-se com os que estão tristes, mas não significa contagiar-se com a tristeza de quem a sofre. Quem está triste, quer se libertar da tristeza. A alegria é doce e faz bem à saúde e ajuda a viver. Orar pelos que estão tristes, significa, mediante a oração, levá-los à presença de Deus. Pois na presença do Senhor "há plenitude de alegria", e "a alegria do Senhor é a vossa força".[1] Não esqueça o que o texto bíblico ensina: "Se alguém está triste, ore". A mensagem é diretamente ao que está triste, ao que sofre. O recurso mais próximo é o que está conosco. Esta linguagem é muito familiar a muitos cristãos. Muitos têm experimentado isto. Fizeram fugir suas tristezas, levando-as à presença do Senhor em ferventes orações; orações de quem está determinado a não aceitar a derrota. A prova disto é que muitos triunfaram sobre suas tristezas, para viverem alegres, e outros enfrentaram a morte com os rostos radiantes de alegria. Conheci uma senhora crente que, com visível vigor espiritual, no seu leito de morte, cantou o hino 174 da harpa cristã ("Tenho gozo em dar louvor / Glória, aleluia, glória! / A Jesus, meu Salvador / Glória, aleluia, glória!"), e logo entrou na eternidade.

A tristeza só persegue por muito tempo a quem não ora, pois quem ora conversa com o "Deus de toda consolação" mencionado por Paulo: "Bendito seja o Deus e Pai de nosso Senhor Jesus Cristo, o Pai de misericórdias e Deus de toda consolação! É ele que nos conforta em toda a nossa tribulação...".[2]

**3. Oração pelos enfermos.** Quem está doente deve exercitar a sua fé, orando. Mas se está abatido, não deve se entregar à doença por falta de fé. Tiago ensina: "Está alguém entre vós doente? Chame os presbíteros da igreja, e estes orem por ele, ungindo-o com óleo em nome do Senhor. E a oração da fé salvará o enfermo, e o Senhor o levantará...". O oficiante ora e unge com óleo. Faz o que a Bíblia ensina, e deve fazê-lo com fé na Palavra, mas quem cura é o Senhor. Ninguém tem o direito de se gloriar porque orou por um enfermo e ele foi curado.

A Bíblia ensina: "Aquele, porém, que se gloria, glorie-se no Senhor".[3] Por outro lado, creio que o espírito de vanglória pode impedir a manifestação dos dons de curar.

Não entendo e não admito que o cristão adoece porque peca. Adoece porque é pecador por natureza. O pecado que trouxe aos homens a morte, é também causa eficiente da doença, até que o nosso corpo seja revestido da incorruptibilidade e da imortalidade. Mas pode acontecer de alguém ser ferido, para refletir, se humilhar, reconhecer o seu pecado e confessar para ser perdoado. É neste sentido o ensino aqui: "Confessai, pois, os vossos pecados uns aos outros, e orai uns pelos outros, para serdes curados". Se você está doente e tem consciência do pecado, reajuste-se com Deus, ore, peça oração e seja curado.

Nunca se esqueça de que muito pode a oração do justo.

[1] Citações na ordem: Romanos 12.15; Salmos 16.11; Neemias 8.10

[2] 2 Coríntios 1.3,4

[3] 2 Coríntios 10.17

# 37

## *Salomão, o Intercessor*

*"Atenta, pois, para a oração de teu servo, e para a sua súplica, ó Senhor meu Deus, para ouvires o clamor e a oração que faz o teu servo diante de ti"*
(2 Cr 6.19)

Em ligeiros detalhes já falamos da intercessão como parte da oração eficaz. Desta vez vamos observar a abrangência desta oração do rei Salomão, quando na inauguração do grande templo em Jerusalém orava e intercedia, num espírito profético, referindo-se inclusive às desventuras que sobreviriam ao povo de Israel em conseqüência da desobediência aos preceitos de Deus, especialmente quanto a adoração de ídolos.

Neste capítulo, nos versos anteriores ao do texto em destaque, Salomão, ao orar, reconhece os grandes atributos de Deus, como Deus único, Deus fiel, que guarda a aliança e a misericórdia, e que cumpre as suas promessas. Reconhecer as misericórdias de Deus é fator de encorajamento que nos anima a interceder. Quando oramos intercedendo, tanto revelamos sentimentos de compaixão pelo próximo, como demonstramos confiança nas misericórdias de Deus, que são a causa de não sermos consumidos.

Salomão pedia ao Senhor que ouvisse a sua oração proferida naquela casa, que se tornava o centro da adoração ao Deus único, verdadeiro, o Todo-Poderoso. Pedia mais: "Ouve, pois, a súplica do teu servo e do teu povo Israel, quando orarem neste lugar; ouve do lugar da tua habitação, do céu; ouve, e perdoa".

Muitas vezes, ao intercedermos, apresentamos a Deus outras necessidades das pessoas por quem suplicamos — saúde, prosperidade na vida e bens —, mas podemos esquecer a condição espiritual daqueles que, em seus pecados, estão privados das bênçãos de Deus e estão em perigo de morrerem longe de Deus, de se perderem para sempre. Neste capítulo, seis vezes Salomão pede — perdoa. Perdão para quando pecassem e se arrependessem. "Ouve tu dos céus, e perdoa o pecado de teu povo Israel, e faze-o voltar à terra que lhe deste e a seus pais. Quando os céus se cerrarem, e não houver chuva, por ter o povo pecado contra ti, e ele orar neste lugar, e confessar o teu nome, e se converter dos seus pecados, havendo-o tu afligido, ouve tu nos céus, perdoa o pecado de teus servos e do teu povo Israel, ensinando-lhes o bom caminho em que andem, e dá chuva na tua terra que deste em herança ao teu povo".[1]

Ele intercede também por aqueles que seriam vítimas da injustiça. Quando alguém pecasse contra o seu próximo, pediu que Deus ouvisse dos céus, agisse e julgasse, mas justificando o justo, para que este fosse retribuído segundo a sua justiça. Este é mais um tema para o intercessor, pois a opressão injusta tanto esmaga a vítima como ofende ao Deus justo e enternece ao que o assiste no Espírito de Deus.

Os tipos de intercessão aqui referidos estão relacionados com o povo de Deus, com a comunidade de que somos parte, aqueles que entre nós precisam de ajuda, de mãos fortes dos que exercem o ministério sacerdotal, neste aspecto bíblico da oração.

Outro exemplo aprendemos de Salomão, quando este ora e intercede pelos de fora. Pede ao Senhor: "Também ao estrangeiro, que não for do teu povo Israel, porém vier de terras remotas, por amor do teu grande nome, e por causa de tua mão poderosa e do teu braço estendido, e orar, voltado para esta casa, ouve tu dos céus, do lugar da tua habitação, e faze tudo o que o estrangeiro te pedir, a fim de que todos os povos da terra conheçam o teu nome, para te temerem como o teu povo Israel, e para saberem que esta casa, que eu edifiquei, é chamada pelo teu nome".[2]

Quando a nossa alma está avivada e abrasada pelo fogo do Espírito Santo, não somente pregamos aos pecadores, mas também intercedemos por eles, como expressão de ardente desejo de vê-los salvos. Isto é parte do ministério cristão, é coisa que pode e deve ser feita por todos os salvos.

Orar e interceder pelos fracos da igreja e pelos perdidos do mundo é importante missão a ser desempenhada pelos que têm no coração o amor de Deus. Não ore de forma mecânica. Ore, suplique e interceda. Há muitos por quem orar!

[1] 2 Crônicas 6.25-27

[2] 2 Crônicas 6.32-33

# 38

# *Oração pela Família*

*"Ó Senhor Deus... sê, pois, agora servido de abençoar a casa do teu servo, a fim de permanecer para sempre diante de ti, pois tu, ó Senhor Deus, o disseste; e com a tua bênção será para sempre bendita a casa do teu servo"*
(2 Sm 7.28,29)

A oração aqui referida é do rei Davi. No verso 18 deste capítulo, lemos: "Então entrou o rei Davi na casa do Senhor, ficou perante ele"; e então fez a oração que temos no texto em destaque.

Desde Abraão, várias vezes Deus prometeu a sua bênção à família deste patriarca, em caráter de perpetuidade, com vistas à chegada do descendente, que seria rei para sempre. Esta promessa foi renovada a Davi e é isto que ele reivindica em sua oração a Deus.

Não é de admirar que numa prole de muitos filhos, e de várias mulheres, surgissem problemas capazes de causar preocupação ao rei, no que se refere às promessas. Já temos ensinado que a base da oração eficaz é a confiança nas promessas de Deus; e é nisto que baseia-se o rei Davi: "Ó Senhor dos exércitos, Deus de Israel, tu fizeste ao teu servo esta revelação, dizendo: Edificar-te-ei casa. Por isso o teu servo se animou a fazer-te esta oração. Agora, pois, ó Senhor Deus, tu mesmo és Deus, e as tuas palavras são verdade, e tens prometido a teu servo este bem. Sê, pois, agora servido de abençoar a casa do teu servo, a fim de permanecer para sempre diante de ti, pois tu, ó Senhor Deus, o disseste; e com a tua bênção será sempre bendita a casa do teu servo".

Analisando esta oração, temos:

**1. A promessa fora uma revelação de Deus.** Muitas vezes alguém chama um sonho de revelação. Num sonho pode haver uma revelação, mas nem todo sonho é uma revelação. Num sonho pode haver até mesmo uma mensagem de Satanás. Numa profecia pode haver uma verdadeira revelação, mas também é suscetível de erro, pois nela também está presente o elemento humano e, portanto, pode haver um erro e produzir confusão. Estes e outros meios de revelação devem ser objetos de discernimento, mas a Palavra do Senhor é acima de qualquer dúvida, pois é a infalível revelação de Deus.

**2. A revelação de Deus anima-nos a orar.** O rei disse: "Por isso o teu servo animou-se a fazer-te esta oração". Deus tem feito uma promessa básica a respeito da salvação de sua família: "Crê no Senhor Jesus, e serás salvo, tu e tua casa".[1] Anime-se com esta promessa e, se sua família ainda não é salva, ore pela salvação de sua família. Não desanime, fique firme na promessa de Deus.

**3. Visão do futuro da família.** Davi orou: "Sê, pois, agora servido de abençoar a casa de teu servo, a fim de permanecer para sempre diante de ti". Qual a sua visão quanto ao futuro de sua família? Você estará satisfeito simplesmente com a perspectiva de seu filho cursar a universidade, conseguir um meio seguro de sobrevivência? Ou uma posição de destaque na política ou na vida pública?

Davi pedia que a sua casa, a sua família, permanecesse para sempre na presença de Deus. Isto é, sem dúvida, o que mais deve interessar a qualquer um que crê em Deus e na vida eterna. A vida aqui, tal como a conhecemos, para o pobre e para o rico, é esta que começa com choro e termina com gemidos, e depois vem a eternidade. Davi pedia que os seus filhos permanecessem para sempre na presença de Deus. É isto que você deve buscar para os seus filhos, sabendo que aqueles que morrem separados de Cristo, comparecerão diante da presença de Deus, mas não permanecerão ali. A conclusão do julgamento será: "Apartai-vos de mim". Meu irmão, minha irmã, ore pela sua família, para que seja aqui, na igreja, motivo de bênção e possa permanecer para sempre diante de Deus na sua glória. Amém.

1 Atos 16.31

# 39

## A Oração e os Filhos no Plano de Deus

*"Disse-lhe, porém, o anjo: Zacarias, não temas, porque a tua oração foi ouvida; e Isabel, tua mulher, te dará à luz um filho a quem darás o nome de João"*
(Lc 1.13)

De imediato, alguns poderão refutar este tema, julgando-o inadequado. Mas você vai observar que não estamos ensinando-lhe a orar para ter filhos. Se você não é capaz de amar os filhos é melhor evitá-los e aguardar a velhice, o desamparo sem eles, e mais tarde tratar com Deus. Estamos pregando verdades, fatos da Bíblia, coisas que só servem para quem crê na Palavra de Deus e está disposto a aceitar o plano de Deus para a sua vida.

O nosso tema é: A oração e os filhos no plano de Deus; e o texto registra a mensagem do anjo de Deus para Zacarias, um ministro do altar. Disse o anjo: "Zacarias, a tua oração foi ouvida; e Isabel, tua mulher, te dará à luz um filho a quem darás o nome de João".

Se é regra quase sem exceção que os filhos rejeitados, detestados desde o ventre, são infelizes; não é demais crer que os pedidos a Deus com santo propósito façam parte do plano de Deus, e sejam como vasos de bênçãos para o mundo.

É disto que a Bíblia fala com muita clareza. Em Gênesis, lemos: "Isaque orou ao Senhor por sua mulher, porque ela era estéril; e o Senhor lhe ouviu as orações, e Rebeca, sua mulher, concebeu".[1] E o que mais lhe aconteceu? Jacó ou Israel, o filho pedido a Deus, tornou-se o pai da família israelita, o antigo povo de Deus, o único povo escolhido diretamente por Deus, o povo do qual veio o Cristo, o descendente prometido, o Salvador do mundo.

Ana, mulher de Elcana, orou com lágrimas, pedindo a Deus um filho, e Deus fê-la mãe do filho Samuel, que foi desde a infância um fiel servo de Deus, um grande profeta, libertador, protetor e o líder espiritual que trouxe benefícios grandiosos à sua geração e ao seu povo, registrados na Bíblia e aplaudidos no céu, através das grandes maravilhas com que Deus aprovou o seu prolongado e fecundo ministério.

De João Batista, que foi a resposta das orações de seus pais, antes que nascesse, disse o anjo: "Ele será grande diante do Senhor... será cheio do Espírito Santo, já do ventre materno. E converterá muitos dos filhos de Israel ao Senhor seu Deus. E irá diante dele [de Cristo] no espírito e poder de Elias, para converter os corações de pais aos filhos, converter os desobedientes à prudência dos justos e habilitar para o Senhor um povo preparado". Zacarias, pelo Espírito Santo, disse ao nascer João Batista: "Tu, menino, serás chamado profeta do Altíssimo, porque precederás o Senhor, preparando-lhe os caminhos, para dar ao seu povo conhecimento da salvação".[2]

Nada de coincidência o fato de ter sido aquele filho pedido a Deus, designado para ser precursor de Cristo. Foi João Batista quem batizou nas águas o Senhor Jesus. Foi ele quem disse de Jesus, à multidão: "Eis o cordeiro de Deus que tira o pecado do mundo". Foi João quem transmitiu aos seus ouvintes a revelação divina de que Jesus batizaria com o Espírito Santo: "Vi o Espírito descer do céu como pomba e pousar sobre ele. Eu não o conhecia, mas aquele que me enviou a batizar com água, me disse: Aquele sobre quem vires descer e pousar o Espírito Santo, esse é o que batiza com o Espírito Santo". De João Batista, disse Jesus à multidão: "Que saíste a ver? Um profeta? Sim, eu vos digo, e muito mais que profeta. Entre os nascidos de mulher, ninguém é maior do que João".[3]

Aí estão os destacados lugares ocupados pelos homens que vieram ao mundo como resposta às orações de pais que conheciam a Deus. Os benefícios que suas vidas trouxeram ao mundo, só a eternidade poderá revelar.

Se o diabo tem um plano para com os filhos rejeitados e amaldiçoados desde a concepção, desde o ventre; Deus tem dado provas do plano que tem executado por intermédio dos filhos que a Ele foram pedidos em ferventes orações, por pais que amam a Deus e a sua obra salvadora no mundo.

[1] Gênesis 25.21

[2] Lucas 1.15-17; 1.76-77

[3] João 1.19; 1.32-33; Lucas 7.24-28

# PARTE 7

# *A Oração que Deus Aceita*

# 40

## Orações que Sobem ao Céu

*"E, quando tomou o livro, os quatro seres viventes e os vinte e quatro anciãos prostraram-se diante do Cordeiro, tendo cada um deles uma harpa e taças de ouro cheias de incenso, que são as orações dos santos"*
(Ap 5.8)

O incenso era um ingrediente perfumado que fazia parte dos sacrifícios que eram oferecidos a Deus. Pelo texto em destaque e outros do Apocalipse, podemos entender que o incenso perfumado simbolizava as orações que subiam ao céu cheias de fé na bondade e no poder de Deus.

Ao longo de todo o período bíblico e da história do Cristianismo, se destaca o valor da oração que expressa a sinceridade, a humildade e a fé daqueles que servem a Deus e o adoram em espírito e em verdade. Oração não é mera liturgia. É conversar com Deus, o Pai das luzes; é o modo de aproximar-se confiantemente do Pai das misericórdias. É o meio de comunicação com o céu mais eficiente do que todo o poder da mídia moderna. É o canal pelo qual vem do céu ao nosso coração a abundância da graça de Deus, plena de paz, alegria e certeza de que é a vontade do Pai dar-nos o reino eterno por herança. É no ambiente da oração que respiramos a atmosfera do céu. É na prática da oração que a nossa fé cresce e se torna robusta, pois é aí que o Espírito Santo de Deus tem a maior oportunidade de revelar as dimensões da grandeza do poder e da bondade de Deus.

É quando oramos até sermos cheios do Espírito Santo, que Deus e o céu, com toda a beleza da glória, se tornam reais para nós. É quando oramos e somos possuídos inteiramente pelo Espírito Santo, que as nossas paixões são dominadas, as nossas dúvidas são vencidas, a nossa visão das riquezas de Deus é ampliada, as nossas forças são fortalecidas, a nossa fraqueza é descoberta, e o poder de Deus se aperfeiçoa em nós. É quando permanecemos em oração, não como quem faz um sacrifício, mas como quem se deleita na presença de Deus, que de nós se apodera "o espírito de sabedoria e revelação".[1] E é aí que oramos, não apenas pedindo, mas agradecendo e adorando, e é este o incenso que junto com as orações dos santos sobem ao céu.

Vejamos outra vez o nosso texto base. Observe a importância desse cerimonial no céu: "E, quando [o Cordeiro] tomou o livro, os quatro seres viventes e os vinte e quatro anciãos prostraram-se diante do Cordeiro, tendo cada um deles uma harpa e taças de ouro cheias de incenso, que são as orações dos santos". Em Apocalipse, mais adiante, lemos: "E da mão do anjo subiu à presença de Deus o fumo do incenso, com as orações dos santos". Esta é uma revelação clara de que as orações sinceras, quando são humildes e com fé, sobem ao céu, à presença de Deus. É muito importante considerarmos ainda, que as orações, que como incenso subiam à presença de Deus, estavam relacionadas com o ato da redenção efetuada por Cristo. Um pouco antes, no mesmo livro, lemos: "E entoavam novo cântico, dizendo: Digno és de tomar o livro e de abrir-lhe os selos, porque foste morto e com o teu sangue compraste para Deus os que procedem de toda tribo, língua, povo e nação".[2]

Não há nada importante na Bíblia: nenhum feito heróico, nenhuma vitória brilhante, nenhuma vida santa, nenhuma prosperidade espiritual, que não esteja relacionada intimamente com as orações que sobem ao céu. Tudo acontece porque há na terra quem ore. Diante dessa visão de ter a sua oração incluída nessa taça, que fará você, então? Ore. Continue orando. Persevere em oração. Já sabemos o final da história, que a nossa oração é reconhecida diante de Deus. Portanto, ore!

[1] Efésios 1.17

[2] Apocalipse 8.4; 5.9

# 41

## A Oração que Deus Aceita

*"... E o Senhor aceitou a oração de Jó. Mudou o Senhor a sorte de Jó, quando este orava pelos seus amigos; e deu-lhe o dobro de tudo o que antes possuíra"*
(Jó 42.9,10)

Não pode ser chamada de oração, a oração que Deus não aceita. É trabalho vão, e perder tempo. Já tratamos das regras para a oração eficaz. Quando oramos segundo as regras divinas, podemos estar certos de que nossa oração será aceita por Deus.

A despeito das fraquezas de seu servo Jó, no extremo sofrimento que lhe sobreveio, Deus sabia de tudo o que se relacionava com o seu sofrimento. Conhecia o motivo, a origem, a intensidade e a finalidade do sofrimento do seu servo fiel, homem reto e íntegro, que temia a Deus e se afastava do mal; e pôs fim ao penar de Jó, quando este já havia sido provado e aprovado diante do Diabo, do mundo e das miríades celestiais, permanecendo fiel a Deus. Jó externou a sua confiança em Deus quando disse: "Eu sei que o meu redentor vive", e revelou sua firmeza de propósito ao dizer: "Ainda que me mate, nele esperarei". Em Jó se cumpria a verdade ensinada pelo apóstolo Pedro, mais de dois mil anos depois, ao dizer: "O Deus de toda a graça, que em Cristo vos chamou à sua eterna glória, depois de terdes sofrido por um pouco, ele mesmo vos há de aperfeiçoar, firmar, fortificar e fundamentar".[1]

Ao terminar o período do seu sofrimento, Deus considerou a Jó um sacerdote do Senhor. Deus disse aos amigos de Jó, que tanto o acusaram, o seguinte: "Tomai, pois, sete novilhos e sete carneiros, e ide ao meu servo Jó, e oferecei holocaustos por vós; porque dele aceitarei a intercessão, para que eu não vos trate segundo a vossa loucura...".

No verso 9 temos: "Então foram... e fizeram como o Senhor lhes ordenara; e o Senhor aceitou a oração de Jó".

Jó intercedeu pelos seus amigos acusadores e Deus os perdoou. Nisto vemos a boa condição espiritual de Jó. Não estava ressentido com eles. Podia orar por eles de modo aceitável diante de Deus. É de grande importância a condição em que oramos. A maneira como estamos diante de Deus, quando falamos com Ele, pois disto depende a aceitação das orações que a Ele dirigimos.

Passemos aos resultados da oração de Jó, aceita por Deus:

**1. A sua restauração física.** Veja o que está escrito: "Mudou o Senhor a sorte de Jó, quando este orava pelos seus amigos".[2]

Nisto há, certamente, uma referência à restauração da saúde de Jó, pois um dos aspectos mais amargurosos da sorte de Jó, foi a perda da saúde. Foi ter sido alvo da maldade do Diabo, que o feriu de uma chaga maligna "desde a planta do pé até a cabeça"; quando, além das dores atrozes, lhe feria o desprezo de todos, inclusive da esposa, que não suportava o seu mau hálito. Mas quando foi que Deus mudou-lhe a sorte? Quando orava pelos seus amigos. Quando oramos e intercedemos uns pelos outros com amor , estamos nos colocando debaixo da torrente de bênçãos de Deus.

**2. Restauração dos bens.** Deus também tratou da restauração dos seus bens. É o que lemos: "Assim abençoou o Senhor o último estado de Jó mais do que o primeiro". Deus deu a Jó o dobro dos bens que antes possuía. Quando perdeu tudo, Jó disse apenas que o Senhor havia dado e havia tomado. Agora podia dizer: O Senhor tomou, o Senhor deu tudo de novo.

**3. Restauração do prestígio e das amizades.** Viver isolado dos amigos e parentes, como que rejeitado, aumentara em muito o sofrimento de Jó. Agora, no verso 11, lemos: "Então vieram a ele todos os seus irmãos, e todas as suas irmãs, e todos quantos dantes o conheceram, e comeram com ele em sua casa". Deus restaurara a sua antiga posição e prestígio.

**4. Restauração econômica.** Está escrito: "Cada um lhe deu dinheiro e um anel de ouro". Conforme o provérbio popular, "as águas correm para o mar". Aqueles que, em face da sua extrema penúria se afastaram dele, agora, quando as bênçãos de Deus o cumularam por todos os lados, se movem a favor de Jó.

**5. Restauração da família.** A perda de familiares é considerada uma das maiores fontes de estresse. Jó teve a profunda tristeza de perder todos os seus filhos. Mas agora Deus restaurara sua família, como está escrito: "Também teve outros sete filhos e três filhas", as quais foram as mais formosas naquela terra. Neste caso também se cumpriu esta escritura. "A bênção do Senhor enriquece, e com ela não traz desgosto".[3]

Este é o resultado da oração que Deus aceita. A oração de um homem na maior firmeza que, a despeito da extrema dor, da incontornável perda de tudo, inclusive dos filhos queridos, ainda era capaz de orar por aqueles que reforçaram os seus sofrimentos. É preciso orar, mas é necessário fazê-lo de modo que a nossa oração seja aceita no céu!

1 Jó 19.25; 1 Pe 5.10

2 As citações referentes a Jó nesta mensagem se encontram em Jó 42

3 Provérbios 10.22

# 42

## *Orações que Sobem para Memória diante de Deus*

*"... E o anjo lhe disse: As tuas orações e as tuas esmolas subiram para memória diante de Deus"*
(At 10.4)

Nem toda oração sobe para a memória diante de Deus, e muitas outras, por diferentes motivos, podem chegar à presença de Deus. É certo que chegarão ou subirão para a memória diante de Deus todas as orações a Ele dirigidas com sinceridade, como expressão de fé, de altruísmo e de sentimentos correspondentes com os santos propósitos de Deus. Orações despidas de egoísmo, de vanglória, sempre sobem ao céu. Mas o nosso texto se refere a orações que subiram para memória diante de Deus por um motivo que sempre interessa ao céu.

Cornélio era o homem dessas orações que subiram ao céu, para memória diante de Deus. Não estava ele orando pela estabilidade do seu posto privilegiado na coorte chamada italiana. Não orava pedindo a cura de enfermidades. Orava, sim, pela revelação do conhecimento da salvação, que era o forte anseio da sua alma. Orava com humildade; orava e jejuava regularmente. Orava e praticava uma generosidade aceita por Deus. Dele lemos: "Fazia muitas esmolas ao povo e de contínuo orava a Deus. Esse homem observou claramente durante uma visão, cerca da hora nona do dia, um anjo de Deus, que se aproximou dele e lhe disse: As tuas orações e as tuas esmolas subiram para memória diante de Deus".

As orações de Cornélio, que subiram para a memória diante de Deus, levavam o ardente desejo de se encontrar com Deus para ser salvo. E aí cumpriu-se o ditado popular: "encontraram-se o desejo e a vontade". De Deus está escrito: "[Deus] deseja que todos os homens sejam salvos e cheguem ao pleno conhecimento da verdade".[1] Cornélio queria ser salvo, e orava a Deus, que quer salvar; e foi salvo. Mas observe isto: Cornélio não foi salvo somente porque orou, pois oração não salva. Orar é dirigir-se a Deus, é comunicar-se com o Deus Salvador. Também o anjo não veio pregar o Evangelho para Cornélio. Aos anjos não foi dada a missão de pregar o Evangelho. O anjo nem sequer falou de Jesus para Cornélio. Não disse: As tuas orações e as tuas esmolas subiram para a memória diante de Deus, já estás salvo, não precisas fazer nada mais para ser salvo. Nada disso. O anjo disse: "Manda chamar Simão, por sobrenome Pedro, o qual te dirá palavras mediante as quais serás salvo, tu e toda a tua casa".[2]

Não eram as orações nem as esmolas de Cornélio que o salvariam. Não era o anjo que iria pregar para Cornélio. Era Pedro, o apóstolo, o pecador remido pelo sangue de Cristo, que tinha a experiência da salvação.

O mensageiro da salvação de Deus para Cornélio era Pedro, que disse a respeito de Jesus. "Dele todos os profetas dão testemunho de que, por meio de seu nome, todo o que nele crê recebe remissão de pecados".[3]

Cornélio já era movido pelo Espírito de Deus quando orava buscando o que era a sua maior necessidade — a salvação. Quem ora preocupado com outras coisas, à parte da salvação, está orando erradamente ou subestimando o que é a maior necessidade, ou buscando o que é terreno e passageiro; ou pior ainda, pode estar pondo em evidência o seu egoísmo.

Prezado leitor, se a sua vida espiritual está abalada, se a sua comunhão com Deus está interrompida, se as dúvidas o assediam, se a esperança não o consola, ore. Dirija-se a Deus. Deixe-o ver o seu ardente e sincero desejo de reabilitação. Não morra longe de Deus. Reajuste-se com Ele. Lemos na Palavra: "Reconcilia-te, pois, com ele, e tem paz, e assim te sobrevirá o bem".[4] Se você está na condição de náufrago, na viagem da vida, clame: "SALVA-ME, SENHOR". Faça com que as suas orações subam para memória diante de Deus. A oração que sobe para memória diante de Deus é aquela que é feita com o coração sincero de conhecer a Deus. Cuide disto, e que Deus o abençoe.

1 1 Timóteo 2.4

2 Atos 11.13,14

3 Atos 10.43

4 Jó 22.21

# 43

## *Orações que Sobem como Incenso*

*"E, quando tomou o livro, os quatro seres viventes e os vinte e quatro anciãos prostraram-se diante do Cordeiro, tendo cada um deles uma harpa e taças de ouro cheias de incenso, que são as orações dos santos"*
(Ap 5.8)

O incenso fazia parte do culto a Deus no Antigo Testamento, e os textos lidos nos revelam o significado do mesmo; simbolizavam as orações dos santos. Quando o sacerdote oficiava no altar sagrado, o incensário estava na sua mão contendo o incenso, uma substância perfumada, que no fogo produzia uma fumaça de cheiro agradável, que subia ao céu.

Durante séculos isto foi feito no culto judaico, e milhões de vezes a fumaça perfumada subia ao céu; o povo, os adoradores, reverentemente contemplavam a faixa branca que perfumava o ar, em direção a Deus. Isto acontecia enquanto o sacerdote ministrava e intercedia, apresentando a Deus as necessidades do povo e suplicava a bênção do Deus de Israel.

Com o evento do Cristianismo, na nova aliança, na dispensação da graça, este símbolo deu lugar ao protótipo. Hoje não é mais a fumaça que sobe do incensário que inspira confiança ao povo de Deus e sobe ao céu. São as orações dos santos que atravessam o espaço sideral e, qual incenso de aroma agradável, chegam à presença de Deus.

Em nosso texto em destaque, lemos que o anjo tem na sua mão o incensário de ouro e que lhe foi dado muito incenso, para oferecê-lo com as orações de todos os santos sobre o altar de ouro que se achava diante do trono. Isto nos revela de modo maravilhoso, o seguinte:

**1. Os céus interessam nas orações.** Oração é assunto que permeia toda a história dos homens, nas relações com Deus, pois oração é o meio estabelecido por Deus para os seus filhos se comunicarem com Ele. Talvez alguém pergunte: Como poderá Deus atender a tantos que a Ele se dirigem ao mesmo tempo? A enorme capacidade de um simples computador ou satélite espacial criado pelo homem pode, em miniatura, revelar a infinita capacidade daquele que o criou e o dotou de tanta capacidade. Se Deus dependesse dos inumeráveis exércitos de anjos, arcanjos e querubins, para atender o seu povo, que a Ele recorre em oração, esses seriam o suficiente para a grande missão de atender a todos os que oram. A Bíblia, no entanto, revela que é Deus quem atende e responde a oração dos seus filhos. Muitas vezes lemos expressões como essas: "Ouvi a tua oração"; "Respondi a tua oração". Milhões de pessoas que têm comunhão com Deus e a Ele oram com humildade, com sinceridade e fé são testemunhas disso. Têm ouvido a voz de Deus e têm visto as providências adotadas por Ele, respondendo as orações.

**2. O incenso era oferecido com as orações dos santos.** Deus recebe as orações dos santos. Embora Deus ame a todas as pessoas como suas criaturas e a todos queira salvar, Deus, de modo especial, tem um pacto com os seus santos, com aqueles que o servem, que respeitam as suas ordenanças, aqueles que o adoram em espírito e em verdade. Você certamente concordará que é melhor dirigir-se a Deus em oração sabendo que está bem com Ele. Que foi santificado pela obediência à sua Palavra, pela fé no sacrifício expiatório de Cristo e pelo Espírito Santo. É melhor elevarmos a Deus as nossas orações quando temos consciência de que vivemos em Cristo, por Cristo e para Cristo.

**3. O cerimonialismo era feito diante do trono de Deus.** As orações que se perdem no espaço não são orações de fato; as orações dos que têm comunhão com Deus sobem ao céu, chegam ao trono da graça. Por isso somos animados a orar. Na carta aos Hebreus, lemos: "Tendo, pois, a Jesus, o Filho de Deus, como grande sumo sacerdote que penetrou nos céus, conservemos firme a nossa confissão... Acheguemo-nos, portanto, confiadamente, junto ao trono da graça, a fim de recebermos misericórdia e acharmos graça para socorro em ocasião oportuna".[1] A consciência de estarmos diante do trono de Deus, e a fé correspondente, é que nos dá a certeza de que as nossas orações são aceitas. Mero cerimonialismo não gera aceitação. É preciso estar diante de Deus, submisso a Ele, de acordo com a sua Palavra e sua vontade.

Deixe, portanto, que a sua oração suba ao trono de Deus. Deus lhe espera. Busque a Ele agora!

[1] Hebreus 4.14-16

# 44

## Orações e Lágrimas

*"... Assim diz o Senhor, o Deus de Davi, teu pai: Ouvi a tua oração, e vi as tuas lágrimas; eis que eu te curarei; ao terceiro dia subirás à casa do Senhor"*
(2 Rs 20.5)

Este é um assunto muito sério, que faz parte da experiência de muitos cristãos. Só a eternidade poderá revelar os resultados das orações que subiram ao céu, regadas pelas lágrimas que inúmeras vezes banharam os rostos de muitos cristãos através dos séculos.

Orações e lágrimas são a correta expressão de profundo quebrantamento. E está escrito: "A um coração quebrantado e contrito não desprezarás, ó Deus".[1] Orações e lágrimas são aquelas que sobem ao céu purificadas de vaidade e hipocrisia, de soberba e autoconfiança. É a oração de quem inteiramente se rende diante de Deus, reconhecendo o seu excelso poder, em contraste com a nossa insignificância. É a oração que move a mão de Deus. É a oração que normalmente não deixa de ser atendida pelo Deus das misericórdias.

Ezequias, cujo reinado trouxe um grande avivamento à nação israelita, era homem de oração. Quando desafiado, ameaçado e afrontado pelo soberbo rei Senaqueribe, da Assíria, "subiu à casa do Senhor e estendeu [a carta ameaçadora] perante o Senhor e orou... dizendo: Ó Senhor Deus de Israel, que estás entronizado acima dos querubins, tu somente és o Deus de todos os reinos da terra; tu fizeste os céus e a terra. Inclina, ó Senhor, o teu ouvido, e ouve; abre, Senhor, os teus olhos, e vê...".[2] Ele orou e Deus lhe deu vitória, de modo que ficou livre do opressor.

Depois de tudo isto, ele adoeceu de uma enfermidade mortal. Daí veio a ele o profeta Isaías e lhe disse para pôr em ordem a sua casa, porque iria morrer. A reação de Ezequias é descrita assim: "Então virou Ezequias o rosto para a parede, e orou ao Senhor, dizendo: Lembra-te, Senhor, peço-te, de que andei diante de ti com fidelidade, com inteireza de coração, e fiz o que era reto aos teus olhos; e chorou muitíssimo". Esta oração moveu o coração de Deus, e o Senhor mudou o seu plano para com o seu servo. Antes que Isaías tivesse saído da parte central da cidade, Deus lhe dá uma palavra para dizer ao rei Ezequias: "Volta, e dize a Ezequias, príncipe do meu povo: Assim diz o Senhor, o Deus de Davi, teu pai: Ouvi a tua oração, e vi as tuas lágrimas; eis que eu te curarei; ao terceiro dia subirás à casa do Senhor. Acrescentarei aos teus dias quinze anos". Ezequias foi curado e viveu mais quinze anos, que foram prometidos por Deus.

A Bíblia registra muitos exemplos de orações e lágrimas e seus respectivos resultados. Ana orou a Deus pedindo um filho homem, como está escrito sobre ela, que "levantou-se com amargura de alma, orou ao Senhor e chorou abundantemente". Ela disse ao sacerdote Eli: "Venho derramando a minha alma perante o Senhor". Deus atendeu as orações e as lágrimas de Ana e ela concebeu e foi mãe do importante profeta Samuel e também de outros filhos.[3]

Todos os homens de Deus, que conseguiram triunfar plenamente em todas as adversidades e se destacaram, muitas vezes se detiveram por horas a fio diante de Deus, em orações e lágrimas, que não passaram despercebidas diante do Deus da glória.

Isto que estou dizendo certamente faz parte da experiência de muitos pais em nossos dias, que oraram e choraram perante Deus pelos seus filhos, que foram libertos do poder do Diabo e do pecado.

Diz-se que a mãe de Santo Agostinho, quando ele ainda era um homem perdido, orava e chorava muito diante de Deus pela salvação do filho, e um dia foi consolada pelo seu ministro, que disse: "Não chores mais, um filho de tantas lágrimas não pode se perder". Pouco depois ele se converteu e tornou-se o expoente das doutrinas de Cristo e um dos homens que lançou as bases das doutrinas de Cristo para a sua época.

Quando orações e lágrimas sobem ao céu, sempre as coisas mudam!

Orações e lágrimas sempre estão juntas, quando enfrentamos as adversidades, reconhecendo as nossas limitações por um lado; e, por outro, quando cremos no infinito poder de Deus para fazer-nos mais do que vencedores.

Orações e lágrimas são a expressão de quem ora profundamente humilhado, quebrantado e inteiramente submisso à vontade de Deus, como o exemplo do Senhor Jesus, que orou: "Pai, se queres, passa de mim este cálice; contudo, não se faça a minha vontade, e, sim, a tua". Em Hebreus, lemos a respeito de Jesus, que também orava e chorava: "Ele, Jesus, nos dias da sua carne, tendo oferecido, com forte clamor e lágrimas, orações e súplicas a quem o podia livrar da morte, [foi] ouvido por causa da sua piedade".[4] Este texto não faz referência à ocasião em que Jesus, com grande clamor e lágrimas, ofereceu a Deus orações e súplicas. Mas podemos considerar o seguinte:

**1. Isto aconteceu em ocasiões importantes.** Certamente essas ocasiões aconteceram quando sobre o Mestre pesava a responsabilidade de cumprir a missão divina de libertar os cativos de Satanás e do pecado, de confortar os quebrantados de corações, de buscar e salvar o que se havia perdido. Orar por mero costume, orar com hipocrisia, qualquer pessoa pode fazer sem verter suor e muito menos uma lágrima. Porém, orar com lágrimas expressa a decisão de morrer, mas não abandonar a luta; morrer, mas não fugir do dever imposto por Deus e pela consciência esclarecida e formada pelo Espírito Santo.

Jesus não clamou em orações e lágrimas por motivos banais, como também não o fez Ana, a mãe de Samuel; como igualmente não o fez Ezequias; como não o fizeram muitos crentes através da história, que oravam, choravam, até que as dificuldades fossem vencidas, e tivessem o seu pranto transformado em riso. A luta foi vencida e a vitória foi ganha. A angústia e o gemido desapareceram e foram substituídos pela alegria.

A oração feita em clamor e lágrimas é também feita com humildade e fé, e nunca deixa de chegar ao céu.

**2. O motivo dessas orações com lágrimas.** O autor aos Hebreus não diz que essas orações foram feitas no Getsêmani ou no Calvário. Podem ter sido feitas nas muitas madrugadas e nas noites inteiras em que as velhas oliveiras do monte onde Jesus orava, testemunharam o clamor e as lágrimas que acompanharam as orações do divino Mestre; quando orava ao Pai e intercedia pelo mundo perdido, além dos muitos sofredores, de numerosos males que o rodeavam e que nem nas caladas da noite Jesus os esquecia. Estes eram motivos que levavam Jesus a orar e derramar lágrimas.

Não temos dúvida de que isto aconteceu também no Getsêmani, quando o suor de Jesus se transformou em gotas de sangue que corriam até o chão. Derramar lágrimas é sempre algo sério, mas é mais fácil do que suar sangue, ademais suar sangue até evidencia quebrantamento excessivo do coração.

Foi no Getsêmani que Jesus orou para que, se fosse possível, o cálice, a morte ignominiosa, passasse dEle. E no Calvário? Teria sido sem lágrimas que o Salvador, vendo a multidão desprezando a vida pela morte, clamou: "Pai, perdoa-lhes, porque não sabem o que fazem"?[5] Creio que ali na extrema agonia a divina compaixão o encheu, o dominou, o moveu a chorar e orar, não somente pelos males do mundo, mas também por você e por mim!

[1] Salmos 51.17 (ARC)

[2] 2 Reis 19.14-16

[3] 1 Samuel 1.9-18; 2.21

[4] Lucas 22.42; Hebreus 5.7

[5] Lucas 23.34

# PARTE 8

## *A Importância da Oração*

# 45

## O Pecado de não Orar

*"Quanto a mim, longe de mim que eu peque contra o Senhor, deixando de orar por vós; antes vos ensinarei-o caminho bom e direito"*
(1 Sm 12.23)

O pecado pode ocorrer basicamente de duas formas. A mais comum, a de quem pratica o mal, e por isso, evidentemente, está pecando, sem nenhuma sombra de dúvida. Mas também é possível pecar em deixando de praticar o bem que se pode realizar. É o que expressa Tiago, o irmão do Senhor: "Aquele que sabe que deve fazer o bem e não o faz, nisso está pecando" (Tg 4.17).

Há muitos cristãos, que de cristãos só têm o nome. Mas todos sabem que devem orar e precisam orar; que a oração é o poderoso fator de equilíbrio e vitória espiritual; que a oração é o assunto que permeia toda a Bíblia e que foi a poderosa arma usada por todos os servos de Deus, no decorrer da história; todos sabem que os profetas foram homens de oração e que Jesus, o Mestre, era o maior exemplo de oração em todos os tempos; que também os apóstolos reconheciam o valor da oração e o evidenciavam orando com regularidade. Todos os que atentam para a história do povo de Deus, sabem que os avivamentos que o mundo já viu, que o povo desfrutou, foram precedidos e sustentados pelas orações daqueles que tiveram coragem de enfrentar as forças diabólicas, orando a Deus com persistência e com fervor.

Você está observando atentamente nesta mensagem deixada para nós pela história? Você reconhece e admite a veracidade bíblica e histórica do que estamos dizendo aqui? Acha que a oração é tudo isto que estamos ensinando? Mais algumas perguntas, e estas exigem muita sinceridade na resposta. Você está orando? Como está sendo a sua oração? Está orando com regularidade? Está orando continuamente? As suas orações, qual incenso de aroma agradável, estão subindo ao céu? O anjo de Deus poderá dizer da sua oração o que disse da oração de Cornélio, como vimos antes, que não era ainda um membro da igreja: "As tuas orações... subiram para memória diante de Deus"?

Por que não orar é pecado? Primeiro, porque é mandamento de Jesus. O Senhor disse: "Vigiai e orai". Paulo ensina: "Orai sem cessar", e também: "Perseverai em oração, velando nelas com ações de graças".[1] Segundo, porque orar por nós mesmos, e uns pelos outros, é o meio mais seguro para vencermos o mundo, o Diabo e a carne; para vencermos todo o mal e alcançarmos o céu. Porque orar e interceder, como diz a Bíblia, "por todos os homens", é o meio divino de ajudá-los e de expressar o nosso amor por aqueles a quem Deus ama e quer salvar.

Não orar é pecado, porque não orar é o caminho certo para uma vida espiritual raquítica, falida e infrutífera. Não orar é o caminho seguido por muitos que fracassaram e deixaram de si uma história triste e um exemplo demolidor. Não orar tem sido o caminho pelo qual muitos se distanciaram da Igreja e de Deus, e morreram no pecado e estão perdidos para sempre. Não siga tal caminho. Desperte enquanto é tempo. Se você peca deixando de orar, poderá pecar de muitas outras maneiras. Não peque deixando de orar. Desperte. Como está escrito: "Desperta, ó tu que dormes, levanta-te de entre os mortos, e Cristo te iluminará".[2] Ore. Ore mais. Quem mais ora, mais poder tem para enfrentar as adversidades da vida!

1 Mateus 26.41; 1 Tessalonicenses 5.17; Colossenses 4.2

2 Efésios 5.14

# 46

## *Orar e Esperar*

*"De manhã, Senhor, ouves a minha voz;*
*de manhã te apresento a minha oração e fico esperando"*
(Sl 5.3)

A atitude de orar e esperar a resposta é não somente sensata, mas também demonstra a estirpe de fé daquele que ora. No texto em destaque, lemos: "De manhã te apresento a minha oração e fico esperando". É triste quando a pessoa ora e continua em desespero, pois a oração que chega ao trono da graça produz a esperança, que é chamada "a âncora da alma, segura e firme, e que penetra além do véu".[1]

Nunca esperaremos tanto de um Deus a quem não conhecemos. Neste salmo, o autor, o rei Davi, destaca o que Deus era no seu reconhecimento:

**1. Orava a Deus, o Senhor.** "Dá ouvidos, Senhor, às minhas palavras". O senhorio de Deus não assombra, pelo contrário, inspira ânimo e confiança. Ele é o Senhor da bondade, o Senhor do poder, o Senhor da vida, o protetor de todos os que recorrem a Ele com fé. É aquele que até o mar e os ventos o obedecem.

A expressão de reconhecimento de Deus como "Senhor" estabelece a relação com o servo. Ninguém se dirige com sinceridade a Deus como Senhor, sem se colocar no lugar de servo, que é a pessoa que obedece, que serve, que está pronto a atender, e que fica ao dispor do Senhor para todos os propósitos desta vida.

**2. Rei meu e Deus meu.** Não basta saber que Deus existe ou que é rei. Ele é Deus, de fato, mas o importante é que Ele seja o meu Deus. É bom que ao dirigir-nos a Deus em oração, possamos dizer como Paulo, na aflição que enfrentava na hora do naufrágio: "O Deus, de quem eu sou e a quem sirvo";[2] pois o Deus a quem nos dirigimos é o Deus a quem nós pertencemos. Este mesmo Deus pode nos atender a oração e socorrer-nos nas horas difíceis da vida. Por isso esta sentença bíblica: "Reconhece-o em todos os teus caminhos e ele endireitará as tuas veredas".[3]

O salmista que disse: "De manhã te apresento a minha oração e fico esperando", também chamava a Deus de "Rei meu". Para ele, Deus não era apenas um rei, mas Rei meu. Deus é o meu rei, se reina majestosamente na minha vida, de modo soberano; e, dessa forma eu sou um súdito do reino. Tudo isto implica obediência que deve a Ele o que ora e que suplica a sua proteção, como diz o salmista: "pois a ti é que imploro".

**3. Tinha uma hora certa para orar.** Davi declara que orava pela manhã. "De manhã, Senhor, ouves a minha voz; de manhã te apresento a minha oração e fico esperando". Outros oram e preferem orar noutra hora do dia. Não importa bem a hora que é tirada para orar, o problema é não orar. Mas orar pela manhã tem as suas vantagens, porque serve como uma boa preparação para enfrentar o restante do dia. De qualquer forma, ore, escolha a sua melhor hora, a hora que melhor lhe convir, o seu "horário nobre", e detenha-se diante de Deus.

Não basta orar apenas no horário da manhã, antes de iniciar as atividades do dia e enfrentar os primeiros problemas do trabalho, ou os perigos da jornada. É oportuno dar a Deus uma boa parte do tempo que Ele nos dá, para estarmos com Ele, apresentando àquEle que tudo pode as nossas fraquezas, os nossos anseios, os nossos temores. Pela manhã é a boa hora de regar os jardins, quando as flores estão mais belas e mais perfumadas. Pela manhã é a hora preferível para estar com Deus, em íntima comunhão com Ele; é a hora oportuna para respirarmos a atmosfera do céu e fortalecer-nos com o oxigênio da vida. Quem faz isto, pode ficar esperando. A esperança que não morre. A esperança que não anda junto com as perspectivas pessimistas, com a superstição, o nervosismo, as perspectivas de derrota.

Quem reconhece a Deus como Rei e Senhor, ora e fica esperando; deve esperar ser ajudado no tempo oportuno, mesmo quando não pode vislumbrar os sinais da vitória. Pode até dizer semelhante ao salmista: "Elevo os meus olhos para os montes, de onde me virá o socorro? O meu socorro vem do Senhor, que fez o céu e a terra".[4]

Quem ora e espera, deve esperar para o seu dia-a-dia a graça de permanecer diante de Deus com uma consciência livre de qualquer pecado, pois no texto lemos: "Pois tu não és Deus que se agrade com a iniqüidade". Se você tem em todas as manhãs a hora certa de estar com Deus, para fortalecer-se na força do seu poder, poderá vencer todas as tentações, todas as astutas ciladas do Diabo, poderá portar-se com serenidade nas horas difíceis durante o dia, confiante nas ocasiões de perigo, certo de que o seu Senhor, o seu Rei e o seu Deus, será o inseparável, o infalível companheiro certo, nas horas incertas. Assim você poderá dizer: "De manhã te apresento a minha oração e fico esperando". Espere as bênçãos de Deus!

1 Hebreus 6.19

2 Atos 27.23

3 Provérbios 3.6

4 Salmos 121.1,2

# 47

# A Importância da Oração no Templo de Deus

*"Atenta, pois, para a oração de teu servo, e para a sua súplica, ó Senhor meu Deus, para ouvires o clamor e a oração que faz hoje o teu servo diante de ti"*
(1 Rs 8.28)

Para quem tem a graça de Deus para o exercício da oração, sem dúvida alguma, a casa, o lar, é o lugar onde mais tem a oportunidade para orar, e é aí que pode atender o mandamento de Jesus, de entrar no quarto, fechar a porta e orar em secreto ao Pai que está no céu.

Para quem reconhece a importância da oração, ora em todo o tempo e em qualquer lugar, e pode orar bem e sentir a presença de Deus. No entanto, não há razão para ausentar-se da casa de Deus, o templo sagrado, que é chamado acertadamente, de casa de oração. Isto foi dito no Antigo Testamento e ratificado pelo Senhor Jesus. Com isto concordam estas palavras: "Não deixemos de congregar-nos, como é costume de alguns".[1]

O templo, a casa de oração, desde o começo da história do relacionamento de Deus com os homens e do culto ao Senhor eterno, ocupa um lugar especial de encontro de Deus com os seus filhos.

Salomão orava a Deus: "Atenta, pois, para a oração de teu servo, e para a sua súplica, ó Senhor meu Deus, para ouvires o clamor e a oração que faz hoje o teu servo diante de ti. Para que os teus olhos estejam abertos noite e dia sobre esta casa, sobre este lugar, do qual disseste: O meu nome estará ali; para ouvires a oração que o teu servo fizer neste lugar". Note estas significativas expressões: "diante de ti, nesta casa, neste lugar". Há, portanto, um lugar em que Deus promete encontra-se com o seu povo, e este lugar é o templo. No templo podemos orar a sós com Deus; podemos orar uns pelos outros e orar uns com os outros.

Passemos agora às razões por que é importante orar no templo. Atente para estas palavras e estas promessas de Deus em resposta à oração de Salomão, no dia da inauguração do templo de Jerusalém: "De noite apareceu o Senhor a Salomão, e lhe disse: Ouvi a tua oração, e escolhi para mim este lugar para a casa de sacrifício... Estarão abertos os meus olhos e atentos os meus ouvidos à oração que se fizer neste lugar. Porque escolhi e santifiquei esta casa, para que nela esteja o meu nome perpetuamente; nela estarão fixos os meus olhos e o meu coração todos os dias".

Note aqui a menção de "meus olhos", "meus ouvidos", "meu nome", e "meu coração", tudo voltado para esta casa, este lugar que "escolhi", que "santifiquei". Estas palavras claramente indicam o intento divino de estar voltado para o lugar que constituíra apropriadamente para oração e adoração.

É verdade que alguém pode estar no templo e não estar no culto, e também não sentir a presença de Deus. Se está no templo por algum interesse particular, se não ora de fato, se apenas aparenta orar, se o faz distraído ou irreverentemente, assim poderá nem sentir a importância do templo como casa de oração, como lugar de encontro com Deus; e sim, como lugar de encontro com amigos ou namorados. Deste modo pode acontecer o erro que Paulo atribui aos coríntios: "Vos ajuntais, não para melhor; e, sim, para pior".[2]

Os que reconhecem o templo de Deus como casa de oração, lugar de encontro com o Deus vivo, podem dizer semelhante ao salmista Davi: "Uma coisa peço ao Senhor... que eu possa morar na casa do Senhor todos os dias da minha vida, para contemplar a beleza do Senhor e meditar no seu templo". Um outro, canta: "Um dia nos teus átrios vale mais que mil". O mesmo Davi diz: "Alegrei-me quando me disseram: Vamos à casa do Senhor". Deus mesmo diz: "A minha casa será chamada casa de oração".[3]

O assunto do nosso tema é algo comprovado pela experiência dos cristãos, por vários séculos de história. Milhões de vezes os céus têm contemplado milhares de cristãos sinceros reunidos no templo de Deus, orando e suplicando e glorificando, sob o poder de Deus, e os crentes fortalecidos no Senhor e na força do seu poder. Não deixe de estar no templo. Entre no templo e ore. Ore com reverência e santo temor. Ore com devoção. Ore com fé e aumente a sua fé. Assim seja!

1 Hebreus 10.25

2 1 Coríntios 11.17

3 Salmos 27.4; 84.10; 122.1; Isaías 56.7

# 48

# Pedro e João na Hora da Oração

*"... Não possuo nem prata nem ouro, mas o que tenho, isso te dou: em nome de Jesus Cristo, o Nazareno, anda!*
(At 3.6)

Que bela expressão esta: "Pedro e João subiram ao templo para a hora da oração". Eram dois companheiros, um homem maduro e um jovem. Quem ora, ora em todo o tempo, mas tem tempo para orar no templo. Quem ora no templo, embora possa orar muito no templo, pode orar ainda mais em casa.

Estudemos os episódios registrados neste texto em destaque:

**1. O compromisso de orar.** A oração é a chave com que abrimos as portas do tesouro inesgotável das bênçãos de Deus.

Quem tem uma visão correta do valor dessas bênçãos, as aspira e busca, como dependendo delas para vencer e ser útil à causa divina. Quando oramos pouco, podemos pensar em bênçãos somente para nós. Mas quando oramos o suficiente para vermos as realidades do céu e as nossas responsabilidades para com a nossa geração, oramos a ponto de podermos abençoar a quantos estiverem ao nosso alcance. É aí que assumimos com Deus e com a nossa consciência o compromisso de orar para nos apropriarmos das bênçãos pelas quais podemos, embora pobres, enriquecer a muitos.

**2. Quem ora tem o que dar.** Quem ora tem o que dar, porque quem ora recebe. Está escrito: "Toda boa dádiva e todo dom perfeito é lá do alto, descendo do Pai das luzes, em quem não pode existir variação, ou sombra de mudança".[1]

Pedro e João, que tinham hora para estar no templo e orar, tinham o que dar ao mendigo, não apenas uma esmola, mas a riqueza da restauração da saúde do coxo de nascença. Quem ora tem o que dar, não precisamente a cura que um enfermo precisa, mas esta e tantas outras de que pode precisar mais.

Pode ser que Deus, na sua infinita sabedoria, dê a um servo seu o dom de ensinar, no exercício do qual pode enfrentar incompreensões e oposições; e negue à mesma pessoa o dom de curar, através do qual ela possa ser aplaudida. Só Deus sabe quantas pessoas poderiam se portar com serenidade e humildade diante de um milagre como aquele operado por Pedro, à porta do templo chamada Formosa. Pedro deu o que tinha, mas sabia que aquilo que tinha, o tinha em nome de Jesus. O mesmo Pedro que antes de curar o homem coxo, disse: "Olha para nós", depois deste estar curado, diante da multidão atônita com o extraordinário milagre, disse: "Israelitas, por que vos maravilhais disto, ou por que fitais os olhos em nós como se pelo nosso próprio poder ou piedade o tivéssemos feito andar?".[2]

Será que você se portaria assim, se orasse por um coxo de nascença e ele se levantasse imediatamente? Será que você não quereria para si próprio a maior fatia da glória devida exclusivamente a Deus? É impressionante observar que muitos homens usados por Deus com o dom de curar, caíram fragosamente. Para isto bastaria o grande motivo de usurpar a glória que só a Deus pertence. O mandamento bíblico é: "Quer comais, quer bebais, ou façais outra cousa qualquer, fazei tudo para a glória de Deus".[3]

Se você é velho ou jovem, ore para que tenha o que dar ao mundo necessitado de tudo o que vem de Deus. Ore, busque, receba, seja uma bênção para todos e glorifique a Deus. Amém!

[1] Tiago 1.17

[2] Atos 3.12

[3] 1 Coríntios 10.31

# PARTE 9

# *É Tempo de Buscar ao Senhor*

# 49

# Este É o Tempo de Buscar ao Senhor

*"Semeai para vós outros em justiça, ceifai segundo a misericórdia; arai o campo de pousio; porque é tempo de buscar ao Senhor, até que ele venha e chova a justiça sobre vós"*
(Os 10.12)

O tema delineado acima é formado de um trecho da Palavra de Deus, proferida sob divina inspiração, na expressão de uma verdade precisa e tão oportuna em nossos dias, como o foi nos tempos do profeta Oséias, que a pronunciou.

O profeta Oséias foi contemporâneo do ímpio rei Acaz, em cujo reinado o povo viveu uma época de grande decadência espiritual e de extrema corrupção moral. A prática da idolatria e muitos outros vícios abomináveis se generalizou entre o povo, a começar pelo rei. Enquanto o povo se deleitava no pecado, os profetas de Deus, homens de visão espiritual, e cujos olhos contemplavam o futuro sob o ponto de vista divino, ao mesmo tempo em que prediziam os castigos de Deus em retribuição aos crimes praticados, exortavam o povo a que buscasse ao Senhor. O povo de Deus estava em uma situação da qual só o Senhor podia fazê-lo triunfar, e foi exatamente nesse tempo que o profeta proferiu essa advertência: "... é tempo de buscar ao Senhor".

Enquanto uma parte do povo se entretia nos prazeres, sem se aperceber dos perigos que o ameaçava; enquanto outros prestavam culto aos seus ídolos como sendo o meio de solução de seus problemas, e as tropas se mobilizavam a fim de manter a segurança nacional e escapar aos perigos vizinhos, o profeta de Deus aconselhava o povo a que buscasse ao Senhor, exortava-os a que semeassem a justiça para que ceifassem a misericórdia. Reconhecia que só Deus podia destruir o mal sem causar dor. É tempo de buscar ao Senhor! Estas palavras exprimem perfeitamente a necessidade humana de todos os tempos e a maior necessidade de nossos dias.

O mundo em que vivemos, os dias que atravessamos, mais do que a época do profeta Oséias, reclama e denuncia que é tempo de buscar ao Senhor. São os mesmos, ainda que maiores, os motivos que nos impelem a atendermos ao seu conselho; motivos de ordem moral, política e espiritual. Os homens devem abrir os ouvidos para ouvir e arregalar os olhos para ver que só de Deus nos virá socorro seguro.

O mundo em que vivemos precisa de homens piedosos e honestos, santos e irrepreensíveis, que detestem a corrupção, que combatam a imoralidade, e que odeiem o pecado.

É tempo de buscar ao Senhor, pois só a manifestação da sua graça pode produzir em cada homem a moral cristã, que consiste no conhecimento do que devem necessariamente fazer ou evitar, os seres inteligentes e racionais que pretendam conservar-se e viver felizes na sociedade. Que vivam para o bem comum, enquadrados nas normas cristãs estabelecidas por Jesus, que disse: "Como quereis que os homens vos façam, assim fazei-o vós também a eles".[1] A moral cristã erige um tribunal muito mais alto e temível que o das leis. Não quer ela apenas que evitemos o mal, senão também que façamos o bem; não quer apenas que pareçamos virtuosos, senão também que o sejamos de fato; pois não se fundamenta na estima pública, que é possível enganar, senão em nossa consciência iluminada pelo Espírito Santo de Deus, que jamais se engana e que não engana a ninguém.

O mundo em que vivemos precisa de homens que administrem e governem sem ofensas à justiça e aos interesses coletivos. Homens livres do egoísmo que sacrifica a paz e promove a guerra. Homens que conheçam o significado profundo das palavras do divino Mestre: "Novo mandamento vos dou: que vos ameis uns aos outros; assim como eu vos amei, que também vos ameis uns aos outros".[2]

O mundo em que vivemos precisa, além de tudo, de homens que não sejam simples oficiantes religiosos, mas que preguem o que vivem e vivam o que pregam, que sejam porta-vozes das verdades de Deus; que não sejam simples pregadores, mas portadores da graça divina, mensageiros da salvação eterna em Jesus Cristo.

Todas estas necessidades de nossa época, concordemente justificam a razão lógica das palavras do profeta. "É tempo de buscar ao Senhor". Além dos motivos expostos, que nos aconselham a buscar ao Senhor, há uma razão que nos anima a fazê-lo, e esta razão é o grande amor de Deus. Ele é o mesmo, como disse o apóstolo Paulo: "... rico para com todos os que o invocam".[3] Somente buscando ao Senhor é que nos tornaremos aptos a trazer todas essas coisas à realidade.

[1] Lucas 6.31

[2] João 13.34

[3] Romanos 10.12

# 50

# A Imperiosa Necessidade de Buscar a Deus

*"Buscai o Senhor enquanto se pode achar, invocai-o enquanto está perto"*
(Is 56.6)

A necessidade de buscar a Deus é atual e de todos. É grande, mas não é sentida e nem compreendida na sua extensão. Infelizmente, os homens falam de paz, desejam conservá-la, mas rejeitam o Senhor Jesus, que é o Príncipe da Paz. Falam de paz e estabelecem a guerra, que é o resultado direto do egoísmo, da falta de renúncia, e é a personificação da crueldade. Tudo isto revela que "é tempo de buscar ao Senhor", pois sempre as motivações que conduzem às desavenças são freqüentemente menores que os prejuízos que causam.

Tudo isto revela que "é tempo de buscar ao Senhor", pois nisto vemos os brotos da "figueira", ou o anúncio da volta do

Senhor. Vemos o cumprimento da predição de Jesus. Em resposta à pergunta dos apóstolos sobre quando seria a sua vinda, Jesus disse: "E certamente ouvireis falar de guerra e rumores de guerra; vede, não vos assusteis, porque é necessário assim acontecer, mas ainda não é o fim. Porquanto se levantará nação contra nação, reino contra reino, e haverá fomes e terremotos em vários lugares; porém, tudo isto é o princípio das dores... Aprendei, pois, a parábola da figueira: quando já os seus ramos se renovam e as folhas brotam, sabeis que está próximo o verão. Assim também vós: quando virdes todas estas cousas, sabei que está próximo, às portas".[1]

É tempo de buscar ao Senhor pela salvação de tua alma, que é de valor incomparável, e só em Jesus você poderá obtê-la. Agora, pois, é o tempo oportuno; na eternidade somente se ceifa o que foi semeado nesta vida, quando temos de assumir a responsabilidade diante de Deus pelos atos que praticamos. "Eis agora o tempo sobremodo oportuno, eis agora o dia da salvação", diz o Espírito Santo.[2]

É tempo de buscar ao Senhor pela paz do mundo, pela nossa segurança e de nosso país. Eis o que diz o Senhor a respeito: "Se o meu povo, que se chama pelo meu nome, se humilhar, orar, e me buscar, e se converter dos seus maus caminhos, então eu ouvirei dos céus, perdoarei os seus pecados e sararei a sua terra". Diz também o apóstolo, divinamente inspirado: "Antes de tudo, pois, exorto que se use a prática de súplicas, orações, intercessões, ações de graça, em favor de todos os homens, em favor dos reis e de todos os que se acham investidos de autoridade, para que vivamos vida tranqüila e mansa, com toda piedade e respeito. Isto é bom e aceitável diante de Deus nosso Salvador".[3]

É tempo de buscar ao Senhor pela salvação de sua casa, pelo equilíbrio espiritual de sua família, de seus filhos. Se os tens fora da comunhão da igreja, se estão no mundo e não estás envidando o devido esforço cristão pela sua restauração espiritual, ouve o que diz o Senhor através do profeta Jeremias: "Levanta-te, clama de noite no princípio das vigílias; derrama o teu coração como água perante o Senhor; levanta a ele as tuas mãos pela vida de teus filhinhos, que desfalecem de fome à entrada de todas as ruas".[4]

Há muita conformação indevida, entretanto, tudo e todas as coisas demonstram que é tempo de buscar ao Senhor. É precisamente para um tempo como este o seguinte conselho do profeta Joel: "Congregai o povo, santificai a congregação, ajuntai os anciãos, reuni os filhinhos e os que mamam; saia o noivo da sua recâmara, e a noiva de seu aposento. Chorem os sacerdotes, ministros do Senhor, entre o pórtico e o altar, e orem: Poupa o teu povo, ó Senhor, e não entregues a tua herança ao opróbrio, para que as nações façam escárnio dele".[5]

A vinda do Senhor Jesus está próxima e os sinais o demonstram. É tempo, portanto, de buscar ao Senhor por um avivamento poderoso que resulte na salvação dos milhares e dos milhões; para que, como nos tempos primitivos, em todos haja abundante graça, pois Jesus veio não só para que tenhamos vida, mas vida com abundância. Para que no meio de uma geração corrompida e perversa possamos resplandecer como luz no mundo.

É tempo de buscar ao Senhor para que vivamos a vida de poder sobre o mal, e para a realização das obras de Deus em favor dos perdidos, para que vivamos sempre num ambiente de vitória nas regiões celestiais em Cristo, onde a nossa alma possa respirar uma atmosfera plena e puramente espiritual e possa se alegrar na contemplação das belezas incomparáveis da glória de Deus. "Buscai ao Senhor enquanto se pode achar, invocai-o enquanto está perto". Para aqueles que não o fazem no tempo oportuno e desprezam a sua oportunidade, temos de Deus a seguinte advertência: "Mas, porque clamei, e vós recusastes; porque estendi a minha mão, e não houve quem atendesse... também eu me rirei na vossa desventura... quando vos chegar o aperto e a angústia. Então me invocarão, mas eu não responderei... Porquanto aborreceram o conhecimento, e não preferiram o temor do Senhor; não quiseram o meu conselho e desprezaram toda minha repreensão". Ninguém pode mais reaver o tempo perdido, nem recuperar as oportunidades que passaram, especialmente quando vindas de Deus para o nosso bem espiritual, para a nossa salvação. Disto Jesus preveniu aos judeus incrédulos, quando disse: "Vou retirar-me, e vós me procurareis, mas perecereis no vosso pecado; para onde eu vou vós não podeis ir".[6]

É tempo de buscar ao Senhor, pois Ele é o mesmo ontem, hoje e eternamente. Como nos tempos primitivos, Ele salva, cura as enfermidades e batiza com o Espírito Santo, tudo pelos méritos e mediação de Jesus. Tudo pelo valor propiciatório do sangue de Cristo, que purifica de todo o pecado.

São abundantes as promessas de Deus para aqueles que o buscam com sinceridade e fervor. Está escrito: "Buscar-me-eis, e me achareis, quando me buscardes de todo o vosso coração".[7]

A maioria das pessoas busca os prazeres; muitos buscam os seus próprios interesses, buscam tudo o que diz respeito a esta vida; sim, buscam em primeiro lugar o que vale menos, o que é transitório, como se nunca chegasse o tempo de buscar a Deus, ou que esse tempo sejam os últimos momentos da vida, os instantes que precedem à entrada na eternidade, quando, ao contrário, esse tempo é hoje. Outros pensam que buscar a Deus consiste apenas em professar uma religião só de lábios, mas Deus diz: "Buscar-me-eis, e me achareis, quando me buscardes de todo o vosso coração". É extremamente necessário fazer isto, buscar a Deus enquanto o podemos achar. E só aí esperar confiantemente na sua infinita misericórdia. Deus nos ajude a compreendermos a altura, a largura e a profundidade disto!

É tempo de buscar ao Senhor, porque isso, e somente isso, nos dará todas as condições de sermos mais que vitoriosos por aquEle que nos amou. Buscar ao Senhor em oração, tomar tempo para orar, orar sem cessar, orar em todo o tempo, orar e nunca esmorecer. Se tivermos que denominar a nossa época como uma expressão que viesse a demonstrar a urgente e maior necessidade de nosso tempo, eu diria: *Esta é a época de buscar ao Senhor!*

[1] Mateus 24.6-8, 32-34

[2] 2 Coríntios 6.2

[3] 2 Crônicas 7.14; 1 Timóteo 2.1-3

[4] Lamentações 2.19

[5] Joel 2.16-17

[6] Citações na ordem: Isaías 55.6; Provérbios 1.24-30; João 8.21

[7] Jeremias 29.13